# 呢喃中的土耳其

陳聖元——著

The Whispering Turkey

Türkiye'nin Fısıltıları

contents

第三部

# 美麗與哀愁

——我在衝撞和矛盾的現場



第四部

# 別問我是哪國人

——又近又遠的國度



第五部

# 熱氣球與玫瑰田

——走踏中部、西南部

推薦序——

# 微笑著走吧！

作家
**李偉文**

聖元在高中時曾到芬蘭當交換學生，後來寫了一本《芬蘭的青年力》，這本書的副標題是「我想成為我想成為的人」。這就令我們好奇了，在中學就有機會到國外接受文化震撼的洗禮，當他回到台灣體制內的求學之路，會選擇什麼路徑？變成怎麼樣的人？

果然，他選擇少被人走的路，大學讀很冷門的土耳其語系，然後到土耳其的伊斯坦堡當交換學生。這個選擇，連土耳其當地的朋友都皺了皺眉頭告訴他：「這不是一個好的投資。」因為土耳其的大環境不好，並不是個容易找工作賺大錢的地方。

幸虧聖元的家人，尤其他那積極熱情的爸爸很支持他的決定，認為不見得大學念什麼，以後就得做什麼，反而是透過各種生命的體會與經歷，擁有跨領域與多元思考的態度，學會溝通應變。「解決問題的能力」才是未來職場決勝的關鍵。

我很贊同他們的看法，真的不要用太現實功利的角度去衡量什麼東西有用、什麼東西沒用。世界變化太快了，在這典範轉移迅速、豬羊變色的時代裡，如果真心為了孩子好，應該鼓勵孩子追求自己的興趣，並且在真實世界裡探索，流點汗、流點淚，甚至受點傷、冒點險，這都是非常重要的經歷，也是滋養我們靈魂的要素。

像聖元這樣，把自己「放逐」到一個完全陌生，沒有同伴，生活、文化、語言都不熟的國度，比如北歐的芬蘭，比如歐亞交界的土耳其，是生命中非常棒的歷練。沒有同文同種的夥伴，才會有許多安靜的時刻，才能有更多機會孤獨地面對自我。

來到土耳其，更能切身感受東西方文化的衝擊，也是從現在到未來的關鍵挑戰。西方基督教文明與伊斯蘭文明，是否能從衝突到彼此互相接納與欣賞，攸關整個人類文明的持續與發展。

在全球化時代，具有國際觀是很重要的。但並不是學好英文就有國際觀，更不是認識了外國的景觀、建築、時尚品牌就是有國際視野，而是除了知道他們的生活習慣、文化歷史之外，還要真正了解不同民族、不同國家的人，他們的煩惱、他們面對的困境，以及他們如何看待這些問題、他們如何去思考。

換句話說，不只知其然，還要知其所以然。能同理不同國家民族的人們的心情，才是真正的國際觀。

聖元在當地生活，結交當地朋友，以一種開放和柔軟的態度去感受當地人的情感，形塑了我們常說的多元觀點，也是解決未來國際紛爭最重要的素養。

不同的語言在不同的文化背景下，往往有某些獨特的用語，是其他語言很難譯傳的，就像聖元最喜歡的土耳其語裡互相說再見時的話，意思是「微笑著走吧」。

是的，微笑著走吧！讓每個年輕人可以微笑著走著，滿懷喜悅地迎向未來。

推薦序——

# 從台灣走出去，把世界帶回來

明基友達文教基金會董事長／實踐大學企管系所兼任副教授
張安佐

一九九二年十二月，這一天清晨不到七點的暖陽從窗外把我喚醒，睜開眼睛忽然發現一片雪白，往窗外望去，竟然下雪了！匆忙把西裝套上，這是出差唯一帶著的外衣，也是外派出國前家人帶我去買的西裝，飛奔到樓下大廳。旅客稀稀疏疏，我推開旋轉大門，一腳踩在停車場，大喊：「下雪了！下雪了！」迪旺酒店（Divan Hotel）的門房見怪不怪，路過的人們笑說「yabancı」（外國人）。那一年，我在伊斯坦堡，看到人生的第一場雪景。

接下來好多故事發生在尼斯珮堤耶大街（Nispetiye Caddesi），就在我居住和工作的艾堤勒區（Etiler），一個離土耳其最高學府海峽大學（Boğaziçi University）沒有太遠的地方。地圖上看起來離博斯普魯斯海峽很近，其實窗戶外面看不到海，可是內心好像一開窗就能聞到海的味道。那時候心胸真是開闊，每一天都有新鮮事，在伊斯坦堡的故事三天三夜都講不完呢。

謝謝聖元把我帶回美好的成長記憶中，不只是伊斯坦堡，中東杜拜、紐西蘭，十年外派的國外生活，讓我練就一顆對外國朋友敏銳的心，這一切都是從土耳其開始。初期的語言不通，讓我學習用最真誠的肢體語言和土耳其朋友溝通，感受人與人之間最基本的美好。每兩三天就到巷口西點麵包店買一個蛋糕，充當三天的早餐，老闆總是殷勤招待，嘰哩咕嚕講了一串土耳其語，然後免費送上一杯現榨檸檬汁，再配一塊美味無比的小蛋糕。我口袋裡隨身攜帶一本土英字典，總是一個字一個字的回應，最後永遠不忘說聲：「Teşekkür ederim.」（謝謝你）

第一次看到聖元，是他從芬蘭高中交換學生回來，出了第一本書，考上政大土語系，在新竹橫山鄉的老家裡侃侃而談，流露出一份超越高中剛畢業的年輕人的自信與成熟。無疑地，他父親的國際觀帶給他許多的鼓勵和影響，讓他選擇屬於自己人生熱情的道路。因緣際會，我和太太討論，得到大兒子治猷同意，此時此刻的他，跟聖元哥哥一樣，在德國布倫瑞克（Braunschweig）進行一年高中交換學生的生活。

人的進步，正是好奇心使然，有時候不要給自己太多選擇題，只有勇敢地拋出是非題：去還是不去！像聖元一樣，從台灣走出去，把世界帶回來，有一天你會發現，這個世界跟你想的很不一樣。看得愈多，好奇心更是源源不絕，探索人生的動機也就愈來愈強烈。我相信，這會是成就美好人生的最大財富！祝福聖元，也祝福正在讀這本書的你！

推薦序——

# 迷霧、靈貓、金鑽，土耳其

中華民國對外貿易發展協會秘書長
**黃文榮**

行萬里路，勝讀萬卷書，是我對陳聖元這個大男孩的第一印象。聖元確實教人激賞，年紀輕輕，已累積豐富的學習閱歷。他十六歲就負笈芬蘭當了一年的交換學生，高中畢業那年暑假再度重返芬蘭遊歷，實際貼近芬蘭年輕人的生活；大學時期又兩度到土耳其，一次遊學，一次當交換學生，身歷其境並用心品味這蛻變中的歐亞古老帝國。

我在一九九六年至二〇〇一年奉派外貿協會伊斯坦堡台灣貿易中心，在土耳其工作六年，對於這個國家的壯麗山川及浩瀚文化，自能心領神會。

首先，土國地大物博人口多，與俄羅斯並列歐亞大國，地緣政治實力雄厚。其次，土國經濟發展基本面健全，是全球第十八大經濟體，國際評比極高，名列「迷霧四國」、「展望五國」、「靈貓六國」、「高成長八國」、「金鑽十一國」、「G20」等英雄榜。它同時還是全球第四大針織成衣出口國，全球第六大觀光大國，歐盟最大的無花果及葡萄乾供應來源，以及歐盟巴士及白色家電的製造基地。

最重要的，土國在二〇一五年高居我國第二十三大出口市場，也是我們前進中東、中亞、巴爾幹及北非市場的橋頭堡。外貿協會遵照經濟部政策，將土國列為重點市場，除每年籌組展團前往拓銷外，更在土國推動ＩＥＰ形象，並成立土國機械買主俱樂部，二〇一五年共邀請五百一十三位買主來台參觀台北專業展。尤其土耳其航空公司更在去年首開直航，足證台土觀光經貿交流的潛力無窮。

土國人民讓我印象深刻且記憶猶新的，正如拜占庭帝國的雙頭鷹國徽（一頭向東看、一頭向西看）。土國民族性也有兩面，一面是類似東方民族，重視家庭與人際關係；另一面則如同西方，重視人性及科學人文。也因為土國人文歷史東西合璧，經貿上更與歐盟唇齒同盟，未來的發展肯定是更加嶄新明亮的一頁！

人生的學習旅程上，知識是學來的，能力是練來的，境界是修來的。聖元用心堆砌學習，他這種學以致用、用其所學的誠懇及認真，都是非常值得我們肯定的。謹以土語「Güle güle」（意思是「微笑來去」），祝福讀者「微笑來去」讀此書而興味充實！

推薦序——

# 西方的臉孔，東方的心

中華民國駐土耳其代表
鄭泰祥

聖元請我為他這本新作《呢喃中的土耳其》寫序，儘管公事纏身，我仍毫不猶豫地答應了。身為跟聖元一樣的土耳其迷，再加上自己現在的職務，我有為土耳其「打廣告」的熱情和義務。

回想自己第一次造訪土耳其，是在一九八八年一月，當時我在沙烏地阿拉伯的利雅德留學，趁著寒假「逃離」封閉的世界，單趟超過三千公里的巴士行程，穿過約旦、敘利亞和土耳其的南北國土，抵達伊斯坦堡。當年的土耳其之旅或許是我生命的轉折點，一路上向泰國籍的穆斯林同伴請教伊斯蘭教的種種問題，讓我對這個刻板印象中「負面」的宗教有了新的觀察。

當年在參觀伊斯坦堡某座古老莊嚴的清真寺時，我學習穆斯林，捧手向真主祈求：如果祢真的存在，開啟我的心眼吧。回到沙烏地之後繼續探索這個宗教，後來我選擇歸信了伊斯蘭。此後，我進入外交部工作，在服務過的地方（杜拜、吉達、布魯塞爾）跟當地的土耳其人建立友誼，非常充足的理由是，土國人偏西方的臉孔包裹著卻是東方的心。

友善是土耳其人的標誌，土耳其食物也是讓我離不開他們的原因之一，不僅是他們的飲食務求「清真」，也在於一個「美」字。聖元的書中介紹了幾樣土耳其的標竿性食物，我則為土耳其國餅——芝麻圈餅（simit）未獲聖元青睞而抱屈。

當年的土耳其之旅是我成為穆斯林的契機，此後我的生活與生命就跟伊斯蘭緊緊綁在一起，我因此特別關注聖元書中在這個主題的描述。「宗教」與「世俗」左右了土耳其的政治與生活，人們的思維、行為被一條無形的楚河漢界隔開，例如清真寺不會是世俗派日常造訪的場所，聲光酒則是宗教派的禁地。但是兩派在某些場合是不分屬性的，「宗教派」與「世俗派」在醫生面前都得是乖乖聽話的病人，在土耳其美食面前都會食指大動。

聖元這本書是對土耳其陌生的華語讀者取得入門資訊的佳作，我佩服這位年輕人能如此深入地觀察土耳其，尤其當前西方歐美文化在國際時尚大道上塞車之際，台灣的下一代何不思考選擇一條比較幽靜的道路，進入土耳其，重新認識東方吧！

推薦序——

# 美麗又現實的土耳其——

土女時代網站共同創辦人
**魏宗琳**

我眼中的聖元是個非常特別的人，但既非天之驕子也非荒誕不經，他的特別是「有意識的」——他清楚知道「我要成為什麼樣的人」、「要做怎麼樣的事」，這讓他在同儕中顯得獨特。

伊斯坦堡是眾多土文系學生嚮往的完美留學地，但住在伊斯坦堡可不是件容易事，從過客到居民，聖元真實地呈現這個讓人又愛又恨的地方。他待在伊斯坦堡的時間，恰好是土耳其近年最重要的轉捩點，積年累月的矛盾一夕爆發，政府與人民、保守與自由、民族與領土，牽動全國的事件層出不窮，真不知道該說他幸還是不幸，但這絕對是一段無可取代的人生經驗。

在遠方的我們，如今能隨著他細膩的文字體會當時美麗又現實的土耳其，足矣。

歡迎來到土耳其！伊斯坦堡大學校門前廣場。（蔡雯潔 攝）

## 自序——我在聽伊斯坦堡……

初次造訪土耳其，是在二〇一二年夏天，跟隨學校的安排進行為期一個多月的遊學之旅。在台灣學了一年的土耳其語，以為在這次旅行中可以暢所欲言，到了當地才發現，自己只能支支吾吾地打些招呼而已。那時，我對這個國家的了解還不多，不論語言、飲食、文化習俗、與當地人的相處等等，都是非常表面、僅有粗淺概念的認識。對於一個地方的了解，必須經過更長時間在當地生活才做得到吧。

但在土耳其，有一件事不需要特別去追尋，它如影隨形般出現在每個人的日常生活中。無論身在何處，從清真寺尖塔上透過擴音器播送出來的喚拜宣禮（ezan），一天五次，定時在耳邊縈繞。第一次聽見喚拜，雖然不懂內容，但那憂傷又高亢的旋律，是我對土耳其和伊斯蘭文化最初也是最鮮明的印象。我從來沒有想過，「聲音」竟可以是對於一個城市或國家特有的記憶！

這個記憶，在我大四那年（二〇一四）到伊斯坦堡大學（İstanbul Üniversitesi）當交換學生後得以延續。身為海港都市、曾是三個帝國文明的首都、土耳其最重要的觀光勝地，伊斯坦堡的「聲音」自然更加豐富。在地形起伏相當大的這座城市裡，共有四百多座清真寺，喚拜聲更能無遠弗屆地傳達到任何一個角落；而在喚拜繚繞的空氣中，伴隨著的是往返歐亞兩陸的輪船鳴笛、海鷗清脆響亮的鳴叫、觀光團導遊大聲的導覽解說、冰淇淋小販敲打的鈴鐺聲、輕軌電車在街道上行駛的鏗鏘聲響，和計程車

往返伊斯坦堡歐亞兩岸的渡輪上，土耳其國旗迎風招展，海鷗隨伴。

呼嘯而過時震天響的土耳其流行樂。

土耳其國民詩人奧罕・菲利（Orhan Veli）有一首詩，就叫做「我在聽伊斯坦堡」（İstanbul'u dinliyorum）。他在詩中的每一段首句和尾句都重複說著：「緊閉我的雙眼，我在聽伊斯坦堡。」伊斯坦堡獨特的聲音魅力，似乎只需用聽覺，就能感受這座城市蓬勃的生命力。

伊斯坦堡有過許多別稱：歐亞陸橋、東方巴黎、世界的首都。在固有的土耳其與伊斯蘭文化底蘊外，近百年來也受到歐洲文化不小的影響，呈現的多樣性也因此豐富而獨特。

土耳其的美麗是無庸置疑的，無論是屹立千年的聖索菲亞大教堂、藍色清真寺、伊斯坦堡市區無數個眺望博斯普魯斯海峽的屋頂酒吧、卡帕多奇亞的奇岩怪石和熱氣球、番紅花城的古典風情、安塔利亞陽光普照的愛琴海岸，或是厄斯帕爾塔的大馬士革玫瑰花田，種種人文風光，讓在地人和觀光客都神怡心醉。

撇開這些美景以外，我在伊斯坦堡生活的頭幾個月裡並不是很順遂，此地截然不同的行事風格令人難以適應。只要處理事情時，永遠像在跑毫無遊戲規則的大地遊戲，往往過了一關之後，還有更多驚喜的挑戰。

此外，走在街道上，擦身而過的路人常常對我說：「Chin chian chon.」原來在土耳伊斯坦堡獨特的聲音魅力，似乎只需用聽覺，就能感受這座城市蓬勃的生命力。

其人眼中，我們說中文時的發音，永遠都像這三個音節重複打轉。電視上莫名其妙地報導亞洲人會吃狗肉、愛吃炸蟲子，一些無聊的路人便會藉這些印象，調侃東方面孔的遊客。

我曾經納悶，為何自己要來到這樣無理且生活不便的地方，還不時抱怨著在台灣被視為理所當然的禮貌與服務。直到有一天，我在街道上忽然被催淚瓦斯熏到眼睛張不開，回到家後，生出如當頭棒喝般的體悟：「當我換個地方嘗試繼續過著安逸的生活時，就體察不到更多值得探索的事。」

我想起他們拿「chin chian chon」調侃我的模樣；土耳其人不了解亞洲人，如同我們不了解土耳其人一樣。當他們聽到我們對土耳其的印象就是夜市裡賣耍人的冰淇淋時，也很無奈。人與人之間最遙遠的距離，其實就是刻板印象。

我開始花更多心思關注這個國家和社會上發生的事，不僅僅是新聞，連日常生活裡跟以往不同或有趣的經驗，我都仔細觀察，以一個外國人的眼光，甚至從土耳其人的角度去思考。我很感謝在土耳其遇見的每一個人，沒有這些朋友的幫助，我便無法得知當地人真正的想法與感受。就算是只和我說過幾句話的路人甲、向我乞討的小孩、常請我喝茶的服務生，無形中都促使我的好奇心去挖掘在這裡發生的一切，包括它們背後深刻的歷史、文化淵源，甚至是困境。

然而，在土耳其生活愈久，愈能感受到這個國家長久以來置身於東、西方文化交會處所產生的衝擊性。土耳其主要的信仰是伊斯蘭教，卻是中東地區唯一政教分離且最世俗化的國家。在這裡，保守派人士希望保有伊斯蘭傳統的價值觀；另一方面，世俗化的土耳其人卻渴望在西方普世制度下生活。這樣的背景，土耳其很可能擁有全世界最矛盾複雜的社會氛圍。

因此我會說，土耳其既美麗，又哀愁。

回到台灣，六個月的書寫過程中，我不斷地蒐集資料，思考反芻過往的經驗與感受，不知為何，那憂傷的喚拜呢喃聲一直縈繞在我耳邊。若不從宗教角度，而純以「聲音」來談，它那起伏不定、不甚和諧的音階，始終帶給我一種載浮載沉、游移不定的心情，如同經歷十個月在土耳其的生活之後，這個國家給我的感覺一般。

身為一個說著土耳其語的台灣學生，我所經歷的故事，不能說是最特別，但卻是最真實且新鮮的。我在文化適應的過程中，發現從未想過的有趣現象；我從社會事件中，嘗試辨析這個國家的衝突與矛盾；我與當地朋友對話，傾聽土耳其人的想法；我在街頭遊走、大步旅行……

不論你是準備要動身前往這個國度，或是曾經拜訪過它，抑或是充滿好奇心的閱讀者，這本書將帶你一探「美麗秘境」之外，日常裡最真實的土耳其。

第一部

# 我的交換生活

# 讓它簡單的來吧

學習一種語言，最終的目的可能是成為精通的翻譯家，
但很多時候，若把它當成一個生活和冒險的潤滑劑，
我想，這才是語言最有趣的地方。
我秉持著這樣的理念，遊走在混亂卻時而迷人的伊斯坦堡街頭。

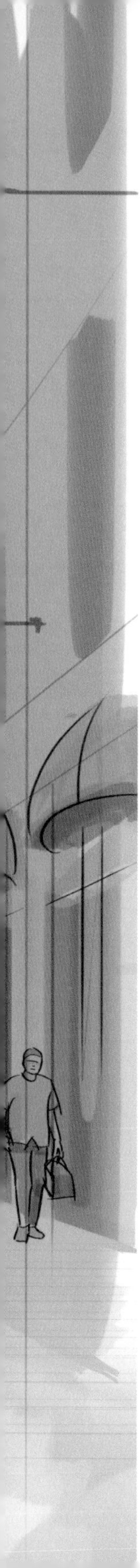

輕軌電車行駛在獨立大街上。

2
TAKSİM TÜNEL

# 伊斯坦堡印象

了解伊斯坦堡大學的宿舍狀況（二十人的通鋪）後，我就決定自己在外面租房子。預定了兩晚在舊城區的青年旅館，把一年份三十公斤的行李丟下後，我便開始聯絡在網路上事先通知過的房東們。依照土耳其人做事的標準，果不其然，聯絡的三個人中只有一人依約讓我看房，其他兩個不是反悔，就是人間蒸發。

我搭上輕軌電車，從充滿歷史古蹟、觀光氣息濃厚的舊城區，前往新城區。連結新舊兩城區的主要樞紐，就是加拉達大橋（Galata Köprüsü）。第一次見到這座橋，你會驚訝於它的多功能性，除了能讓汽車通行、行人徒步、雙向輕軌電車在橋的中央往來，而橋本身雙層的設計，使得下層能容納一整排的海鮮餐廳。

最特別的是，不管一年四季，就算颳風下雨，總能在橋面熙來攘往的人行道上，看見成群顧著釣竿、等待獵物上勾的釣客們。這裡捕到的大多是體型較小的鯷魚，有些釣客裝滿了一整桶的漁獲，就直接賣給橋下的餐廳。但大多時候，這些餐廳並不喜歡上頭那些人，不管是單純為了興趣來釣魚，或是來賺外快的，當橋面上的釣客人數暴多的時候，餐廳的美麗海景會因此受影響。我還曾經看過釣魚線打到服務生的窘況。

你能在橋下餐廳的露天座位享用剛釣到的魚料理，伴隨橋上的輕軌電車經過時發出的鏗鏘聲響；隔著海面，欣賞亞洲岸山丘上高低起伏的建築，以及暮色下往返的城市渡輪，渡輪的煙囪吐著濃密的黑煙。此時，金角灣（Golden Horn）的新清真寺（Yeni Cami），正播送著如呢喃般的喚拜聲。

在伊斯坦堡的市中心隨時可以看見海，街道上永遠車水馬龍，各式各樣的人們混雜在沒有城市規劃的巷弄間，初來乍到的人很難不為伊斯坦堡充滿宗教氣息、現代卻也古老、美麗卻又混亂的獨特氛圍所吸引。

加拉達大橋上顧著釣竿、等待獵物上勾的釣客們。

雙層設計的加拉達大橋，下層是一整排的海鮮餐廳。

## 房東麥特

輕軌電車滑進新城區後的第二站下車，循著地圖路線，爬了一段小坡，找到了這間公寓。來迎接我的，是二十六歲的土耳其人麥特。

這棟五層樓的老公寓，一、二樓是由老先生開的古董店，麥特不久前才租下這裡的三樓，多出的兩間房就出租出去。但定睛一看，原來他把坪數較大的客廳隔出來當自己的臥室，其餘兩間才是真正的房間，他帶我參觀其中比較大的一間。

這大約七坪的房間雖然格局不規則，但有整片的對外窗，採光非常良好，我可以探出窗戶看到遠處的新城區地標——加拉達塔（Galata Tower）。房內的傢俱擺設也都是極簡風格，特別是包含

左邊的公寓，就是我在土耳其十個月的家。一、二樓是間古董店。

新城區地標——加拉達塔。曾做為天文台、監獄、觀察火災的瞭望台，如今頂樓有一家景觀餐廳。

我房間在內的整層公寓的牆壁，都漆成美麗的灰藍色，給人一種很沉穩舒服的感覺。

我稱讚這間公寓布置得很漂亮，也詢問他的職業。

「這全是我和朋友一起漆的。」麥特說，「我從伊斯坦堡科技大學的產品設計系畢業，服完兵役後曾到設計公司上班，但我想做更多自己的計畫，便和另一位同班同學出來創業，這裡就是我們的基地。」

這一帶是新城區貝奧盧（Beyoğlu）的吉罕吉爾（Cihangir）社區，與市區最喧鬧、觀光客絡繹不絕的塔克辛廣場（Taksim）和獨立大街（İstikal Caddesi），只有步行十分鐘的距離。即便如此，卻是個平靜、生活機能非常方便的社區。公寓樓下與附近街道，都是古味十足的古董店，當地土耳其人或觀光客都會前來此處尋寶。

麥特說，七〇年代時，吉罕吉爾還是個破敗的社區，但因為房租便宜，開始吸引一些藝術家、作家和知識分子進駐，慢慢地附近也有了餐廳和茶館。而近幾年，由於工作型態的轉變，許多像他一樣的接案設計師開始聚集在這一區，新潮的咖啡店和各式小店便也相繼開設。

時間的推移可以改變我們的所見所聞及感受。在這不變的常理下，風格變了，品味變了，價值觀變了，最終人也變了。伊斯坦堡這個城市的命運，似乎就是最好的詮釋。

## 從君士坦丁到伊斯坦堡

伊斯坦堡先後是羅馬帝國、拜占庭帝國和鄂圖曼土耳其帝國的首都。西元三三〇年，君士坦丁大帝（Constantinus I）將羅馬帝國的首都東

各式小店匯聚、寧靜便利的貝奧盧街區。

移到此地，這裡便被命名為「君士坦丁堡」（Constantinople）。在君士坦丁大帝統治期間，建造了當時最大的教堂——聖索菲亞大教堂（Ayasofya），此後一直是希臘文化和基督教世界的中心，直到一四五三年鄂圖曼土耳其人攻陷該城。

然而「伊斯坦堡」（İstanbul）這個名稱，卻不是在改朝換代後才出現的。拜占庭帝國時期，就只有這一個大城市，居民進城時，總覺得Constantinople這個名字太過拗口，後來就習慣直接以古希臘語的「進城去」（*στην Πόλη*，stim poli）來稱呼，而日漸發展成İstanbul這個發音。等到鄂圖曼土耳其人入主後，İstanbul逐漸成為官方名稱，但Constantinople這個原名仍通用。直到一九三〇年，土耳其國父凱末爾（Mustafa Kemal Atatürk）才正式下令，將這座城市由「君士坦丁堡」更名為「伊斯坦堡」。

聖索菲亞大教堂也因為政權的轉移，被改建為清真寺；伊斯坦堡的人文風貌，遂由穿著黑長袍、蓄大鬍子的東正教神父，變成了包著白色頭巾的回教徒。希臘的城邦文化，也演變成游牧型態的突厥文化。

時代的更迭已經被時間的推移所淡忘，如今走在伊斯坦堡街頭，除了少數僅存的教堂遺跡外，已經感受不太到這裡曾經是基督教世界的中心。現代土耳其與鄂圖曼時期的建築，架構了這座城市的基本風貌。

伊斯坦堡最吸引我的，正是新舊交織的城市景觀。走在古老的石頭路上，可以看到現代感裝潢的商店，彎進一條小巷，卻又發現建於十五世紀、仍在營運的土耳其浴場。親眼見到與感受，在這座古老的城市中遊走，就會感覺自己的渺小，彷彿翻滾在歷史洪流裡的一顆小石子。

## 你們上學都騎駱駝？

現在的伊斯坦堡，是個人口一千四百萬的國際大都會，面積相當於二十個台北市。每年至少吸引一萬名的國際交換學生。知名的大學如海峽大學（Boğaziçi Üniversitesi）、伊斯坦堡科技大學（İstanbul Teknik Üniversitesi）、卡帝爾哈斯大學（Kadir Has Üniversitesi）和成立於一四五三年、土耳其最早的大學伊斯坦堡大學。

麥特問我，為什麼來土耳其念書、學土耳其語，這不太像一般人會納入的選擇？我跟他說，土耳其位處於歐亞交會的小亞細亞，歷史非常豐富，而夾在東西方文化的價值觀中，這個回教大國的處境也讓我很好奇。

「土耳其在台灣人眼中，是一個什麼樣的國家？」麥特說，他沒有接觸過亞洲人，很想知道。

「一般來說，台灣人對於中東和伊斯蘭國家沒什麼認知，我們從新聞等有限的管道中，得到的都是戰亂和負面消息。」我回答，「更具體地說，大多數人想到土耳其，大概只是愛耍人的冰淇淋大叔和好吃的沙威瑪，因為台灣的夜市都有賣。」

麥特尷尬地笑了笑，接著說：「這倒還好，我大學時期到比利時當交換學生，那裡的同學知道我是土耳其人，就問我：『你們上學都騎駱駝嗎？』但土耳其並沒有沙漠，更不產駱駝。

## 突然的驚奇

我覺得不管是東方或西方國家，對於土耳其的種種刻板印象與偏見，得怪它這詭異的國名，英文是Turkey，和美國感恩節桌上的佳餚——火雞同名。古代中國盛產瓷器，所以英文china變成了中國的代名詞，一直沿用到現代；日本將漆器發揚光大，漆器的英文japan從此也變成日本的名稱。那麼，土耳其為什麼叫Turkey？是因為火雞原生在當地嗎？

完全錯誤。讓我分開來解釋。

Turkey這個字，從十四世紀以來，就被用來稱做「被土耳其人（Turks）佔領的土地」，也就是鄂圖曼帝國時期到今日土耳其共和國所在的小亞細亞（或稱做安納托利亞）地區。

在鄰近的東非，有一種叫做珠雞的鳥類，長得像火雞，有五彩斑爛的羽毛、光禿禿的頭頂和充滿紅色肉瘤的脖子，只不過珠雞體型比較小，脖子上也沒有那麼多肉瘤。當時珠雞從東非經由小亞細亞，傳入歐洲大陸，歐洲人以為是鄂圖曼土耳其地區的原生種，就簡稱這種鳥類為turkey-hens或turkey-cock。而事實上，火雞原生於北美洲，當殖民者從北美洲帶火雞回到歐洲時，因為兩者太像了，歐洲人又誤以為這就是從前由小亞細亞傳過來的珠雞，就誤稱火雞為turkey。由於這一連串的誤會，原本就稱做Turkey的小亞細亞，便和火雞共用了這個名字。我想，土耳其人也很無奈吧。

英文名有這樣的一個困擾，中文翻譯也好不到哪裡去。古代中國將土耳其人叫做「突厥」，有驍勇善戰的意味。在現代，我們稱他們是「土耳其」。

國名翻譯大多是音譯，有些是從英文直譯，有些則依據當地語言而來，更有些是從意義上著手。比如芬蘭，由英文Finland音譯而來（芬蘭語是Suomi），兩個字拆開來都很正面，大家聯想到的是芬芳、蘭花等美麗的形象。又如德意志共和國，是從德語Deutschland翻譯，而不是英語Germany音譯為日耳曼尼。德意志，字面上則給人堅毅不拔的感覺。至於冰島，則從Iceland取意直翻，而不是艾思蘭島。

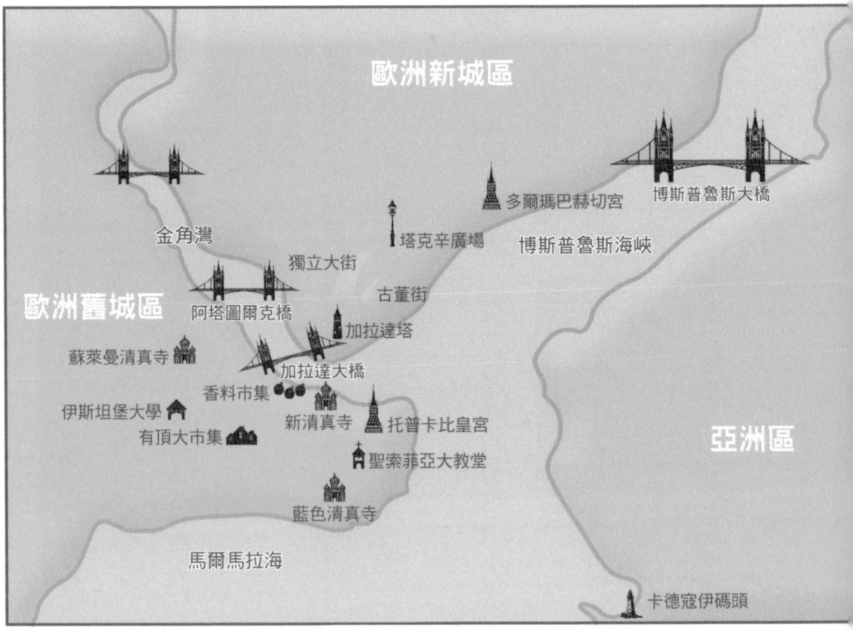

伊斯坦堡城區圖。

這個規則是誰訂的無從得知，但既然國名翻譯有這麼多種選擇，「土耳其」這個譯名，在我看來卻不盡理想。

中文有趣的地方，就是同樣發音的字，意義可能天差地遠。我們看到「土」這個字，通常就不太優雅美麗。念土耳其語系的學生就常被調侃，說我們跟「土人」做朋友，說「土語」，吃「土菜」，去「土國」。我在想，當初翻譯的人是不是對這個國家有特別的負面印象？

若從土耳其文Türkiye來翻譯，可能「圖爾其耶」最為接近；但若字面上的意義太過空泛拗口，我自作聰明地認為，「突爾奇」會是更好的選擇。因為生活在這個國家，偶爾會有「突然的驚奇」，聽起來是不是比較夢幻，且饒富趣味？

「那麼，土耳其人對台灣又有多少了解呢？」我反問麥特。

「其實我剛剛跑到廁所，用手機看維基百科的台灣資料才知道，你們也說中文，還有和中國的歷史淵源。除此之外，我只知道台灣是遠東地區的一個小島。你們吃什麼、擁有什麼樣的習俗文化，則完全沒有概念。」他笑著回答，「但認識你之後，我想我會慢慢開始了解，這讓我感到很開心。我從來沒去過這麼遠的地方。」

九月的伊斯坦堡氣候宜人，陽光從整片玻璃窗灑進屋內，空氣中透散著海水的味道，偶爾可聽見海鷗清脆響亮的叫聲。我在伊斯坦堡歐洲岸的古董街上，找到了接下來十個月的家。

# 每趟停留的價值

開學前到伊斯坦堡大學的國際學生事務處辦理註冊。學校大門有一個很美的伊斯蘭牌坊，周圍卻因為新地鐵站的設置而被醜陋的圍欄擋住，我不得不穿越嘈雜的工地，經過地下道走進校區。來到國際事務處的大樓，警衛一看到我就叫我停下，問我要做什麼？我說，我是交換學生，要來辦註冊。

「你從哪裡來？」

「台灣。」

「啊！你的功夫如何？我超愛Jacky Chen（成龍）的！」這位大叔開心地說，擺出打架的姿勢。門口其他幾個警衛也都湊了過來。

普遍的土耳其人認為，港、中、台並沒有什麼差別，對於華人的印象，就是來自成龍的武打片，其他一概不知。看到日本人，他們永遠用輕浮的語調說：「摳尼幾哇。」得知你是韓國人，馬上就在你面前跳「江南style」；有時候走在路上看見亞洲人，就不分青紅皂白地用每一種方式向你打招呼的，也大有人在。

經過一陣子的心理調適，對這種狀況我已經麻木。我半開玩笑地說：「我會打得你滿地找牙！」他們卻開心得不得了。

事實上，這些警衛都是好人，他們指引我該到哪個樓層，還要我日後來學校都要找他們聊天。雖然有點莫名其妙，但我想他們真的工作太苦悶吧，需要找點樂子。說完，這一群警衛就端著紅茶，在門口抽起菸來。

經過一場鬧劇後來到辦公室，職員只有一句話：「哦，你是新來的交換學生啊？新聞系的？那你去傳播學院問吧。」就把我打發走。跑到傳播學院的學生事務處詢問，他們也說：「這不是我們處理的，你得到國際事務處拿學生文件。」

又回到國際事務處，轉達剛剛傳播學院負責人的話後，他不耐煩地打電話過去確認，電話裡互相指責對方應該要處理，最後還吵起來；我只好無辜地站在辦公室，看著承辦人員臭著臉處理你的文件。

學校教職人員最會的一招就是「踢皮球」，把你耍得團團轉。工作職責的界線不明確，也沒有所謂的標準。我後來學乖了，當他們又開始互相踢皮球的時候，我就會說，我剛剛去過那個單位了，他們要我過來這裡。雖然又不免見到他們對著話筒互相質問的畫面，但至少最終有人會來處理。

伊斯坦堡大學正門，設計成伊斯蘭牌坊的壯麗造型。

## 這裡是土耳其，任何事都可能發生

幾天後，我帶著學生文件和相關資料到外交事務警察局辦理居留證，前前後後總共來了四趟，才正式交出我的資料。他們不會公告最新的申請文件需求，大家只能像尋求秘方般到處打聽。

之前在學校的說明會裡，負責指導申請流程的土耳其同學尷尬地說：「政策朝令夕改，例如上禮拜還不需要附上房租契約，這禮拜卻要。甚至你去不同的窗口，承辦警察會要求不同的文件，所以，自求多福吧。」我很訝異，他們竟能丟出這麼不負責任的答案。

進到警察局時，沒有任何標示告訴你該往哪裡走或怎麼做，只好到處問人，對方也只會給你一個類似「往那邊走」或「去問他」，這種不確定或事不關己的答案。

終於，看到一間門口聚集了一大堆外國人的房間，沒有號碼牌可以抽，沒有人員來招呼，於是我主動抓住一位員警，跟他說我的預約時間是九點。他看了看錶，在我的文件上寫了一個大大的數字3，然後

校園附近的二手書攤。

快速地走掉。在大排長龍的尖峰時刻，承辦人員直接大剌剌地離開工作崗位，嬉鬧地移駕到休息區玩手機，讓辦理的窗口空在那兒，讓我們這些外國人在外頭乾等。

輪到我的時候，我看見許多國際學生都有學伴來協助他們，我問隔壁那位外國學生念什麼學校？他說是私立的，而他的土耳其學伴說，像伊斯坦堡大學這種公立大學不會有學伴幫忙打理，學生通常都得自己解決，不像有些私立大學甚至會幫國際學生統一申請。

讓我覺得更離譜的是，身為專門處理外國人居留證事務的機關裡，竟然沒有人會說英語。我看見有人對著警察說英語，竟然被回覆：「No English.」讓那名外國人當場啞口無言。接著，那位警察用很傲慢的語氣要我充當翻譯，還一副理所當然的模樣。

當我最後一次終於備妥文件來到這裡，找之前幫我處理的員警時，卻發現他不在，而他的位子上坐著一位穿著碎花洋裝、非常漂亮的女生。她把我的文件接走，檢查完畢就收下，並告知我居留證會在十五天後寄到學校。這時，那位員警才端著茶、笑咪咪地走來，親了一下他的女朋友，並對我打招呼。前三次來都對我頤指氣使、板著一張臉的人，竟然開口跟我問好，想必是女朋友在場，心情特別好的緣故。

到伊斯坦堡的政府機關辦事，時不時便會看見職員的爸爸媽媽、男女朋友、兄弟姊妹來探班，這時候他們就會放下手邊的工作，完全無視來辦事的民眾，直接天南地北的聊起來。

這種行事作風真令人不敢恭維，常常讓人氣得直跳腳，土耳其人也不避諱地自嘲自己國家這種隨性的態度。遇到狀況時，他們總是聳聳肩說：「反正就是這樣。」或者端著一杯熱茶，緩緩啜一口後，無可奈何地跟你說：「這裡是土耳其，任何事都可能發生。」

## 忍耐與搏感情

來到土耳其，第一個領悟的事情就是「忍耐」，然後得心平氣和地找到解決方法。我發現，許多土耳其人還停留在官僚體制的作風，特別是公家機關，他們認為：「我在這裡就是老大，你要找我辦事，先得看我臉色，等我高興再處理。」

在土耳其生活，我學會先察言觀色，試著跟他們「搏感情」。不管去公家機關辦事、到餐廳吃飯、買車票等等，多跟他們聊天，尤其以外國人的身分來開啟話題，土耳其人其實天性好客、熱情，當你打入他們的圈子的時候，他們便很樂意幫你解決問題，甚至還想跟你交個朋友。「搏感情」這個方法雖然多花了點時間，得到的效果卻非常值得，而且屢試不爽。

至於朝令夕改、出爾反爾和缺乏效率的行事作風，的確會令人抓狂，但轉念一想，這就是現實的狀況，我再生氣也沒用，只能事先多做功課，詢問有經驗的人，再加上自己認命多跑幾趟，問題終究會解決。轉個念，對生活和心情的影響也會減少許多。

有好幾個月的時間，我都在處理和追蹤一些瑣事，每當回到家，正在工作的麥特和土耳其人從不避諱地自嘲自己國家這種隨性的態度。新清真寺外賣鴿子飼料的小販。

土耳其人天性好客、熱情，要懂得跟他們「搏感情」。校園旁的二手市集小販。

他的設計師朋友就會調侃我：「居留證拿到沒啊？」

這句話成了那段日子裡他們一見到我的問候語，我也完全不惱怒地回他們：「現在如果有人問我為什麼要來土耳其，我會回答，我是來修身養性的。」

他們就哈哈大笑：「歡迎來到土耳其。」

## 為什麼要學土耳其語？

因為麥特的工作關係，常常在家裡就能認識一些當地的建築師和產品設計師朋友。人們來來去去，對於這間公寓裡來了一個會說土耳其語的台灣人，他們也非常感興趣，但大部分的提問都是：「為什麼要學土耳其語？」「為什麼要來伊斯坦堡？」「你以後要做什麼？」

每一次被問到，我心裡總是想：「在台灣被問得還不夠，連來到伊斯坦堡，還要被身家調查。」但我可以理解，這是不論國籍、幾乎每個人心中都會有的存疑或偏見，甚至有些人覺得不可思議。

麥特一位奈及利亞的朋友，從哈佛大學畢業後回到家鄉，因為有工作上的往來，順道來伊斯坦堡拜訪，當他聽到我的故事後，便瞪著白亮亮的大眼說：「一個台灣人，學土耳其語？你在想什麼啊？」

看到這種反應，老實說我心灰意冷。大學四年當中，我不斷遭受這種質疑，原先單純地對學外語和異國文化的熱忱，也因此不斷被消磨。我好幾次反問自己，到底知不知道自己在做什麼？也曾受到旁人影響，考慮轉換跑道。

但父親對我說：「繼續念，並且有機會到土耳其看看，雖然不一定會做相關的行業，然而這段過程將會是你日後人生的養分。」

他說，不管念什麼科系，大學四年或是往後的職場，不外乎就是培養和掌控這三項能力：溝通應變、跨領域與多元、解決問題。念什麼樣的科系或是做哪種工作，都一定會在這三種能力中打轉，我們只是依照個人的志趣，以不同的方式或角度，來學習和呈現這些能力而已。

我認同，也開始調適心態，破除那種「讀什麼以後就得做什麼」的功利取向的科系迷思。

身處不同的國家和文化中，的確有令人反感，或是超過我們標準之外的行事法則。如同我前述的經驗。在這個過程當中，我一直在適應土耳其的作風，想辦法解決問題。在外租屋，與不同國籍的人相處，好的、壞的都要嘗試溝通。因為麥特的關係，接觸到以往未曾熟悉的設計知識，不知不覺也跨到另外一個領域。這一切都在生活中自然而然地發生，也是最好的學習機會。

土耳其是一個歷史豐富、文化底蘊深厚的國家，由於地理位置與人口結構上的特性，種族和宗教的多元，也為這個社會帶來許多正反兩面的影響。

我們身在亞洲，卻常以西方主流媒體的角度，來看待一些我們認為落後、戰亂的國家。例如說到印度，刻板印象就是強暴新聞頻傳和種姓制度的扭曲社會，然後以高姿態去批評，卻鮮少認真思考，他們正一步步地超越中國，以及為什麼。說到土耳其，就會聯想到伊斯蘭激進的恐怖分子，與危險畫上等號，只因為他們大多數人信仰伊斯蘭教？

法國人懶散，我們會說是浪漫；中東人懶惰，我們就說難怪這麼窮。很多觀感都是結果論和媒體的影響。長久以來，台灣人的思考模式受到媒體綁架，習慣性地以偏概全，或是流於表面，我不願活在這樣的陰影之下。我自認不是一個天生反骨，或強調凡事要特別的人，我只是想要真實地去了解這個世界，選擇不一樣的地方去闖，透過最實際的接觸去學習與磨練自己。

在我說出心中的想法之後，每當麥特見我又被問起類似的問題時，總愛搶在我開口之前幫我回答：「我們能學英語、德語，為什麼學土耳其語就搞得好像特異功能？」

## 生活和冒險的潤滑劑

一位NGO作家曾批評，台灣的父母只願意讓孩子去像芬蘭這種所謂的先進國家，形成一種「去先進國家才有用」的偏頗國際觀。他的說法我只同意一半。

在伊斯坦堡，隨處可眺望海景。（蔡雯潔 攝）

的確，我們對於不同的國家會有不同的既定印象，而人們往往會朝心目中更好的國家，去學習他們的語言和文化。但不代表其他國家或較為冷門的語言就被人瞧不起，多數人還是以實用性的角度去思考，而每個人的階段性目標不同，選擇理所當然也不同，並沒有優劣之分。

剛好我的生命中就待過兩個冷門語言的國家：芬蘭和土耳其。一個是那位作家口中的先進國家，一個是動盪不安的中東大國。這兩者幾乎沒有什麼共同性，但兩個地方卻帶給我相同的目的——藉由語言的媒介與優勢，觀察一個文化，親自用雙眼去了解這個國家。

土耳其有著基於豐富歷史造就社會多樣性的特色，也有諸如行事效率低落、政治動亂、女性地位不平等之類令人感到義憤填膺的現象，正因為土耳其的風土民情，和我們所熟悉的環境截然不同，酸甜苦辣的箇中滋味，不僅改變我對事物的刻板印象，也增進我對議題觀察的敏感度。甚至在某個層面，我也能彈性調整自己的心態，去融入這個文化。

學習一種語言，最終的目的可能是成為精通的翻譯家，但很多時候，若把它當成一個生活和冒險的潤滑劑，我想，這才是語言最有趣的地方。

選擇一種科系，或許是對未來職業的想像與幫助，但過程中的經歷，也許才是人生最珍貴的資產。

我秉持著這樣的理念，遊走在混亂卻時而迷人的伊斯坦堡街頭。

當那些遊手好閒的人們看見我，又奮力地跳著江南style想要調侃時，通常靜默不語或轉頭走開的我，也會心血來潮用土耳其語對他說：「大哥，我知道你分辨不出來，但我不是韓國人，這樣一直跳，你不累嗎？」

我總是很開心看著他們驚訝地杵在原地的模樣。

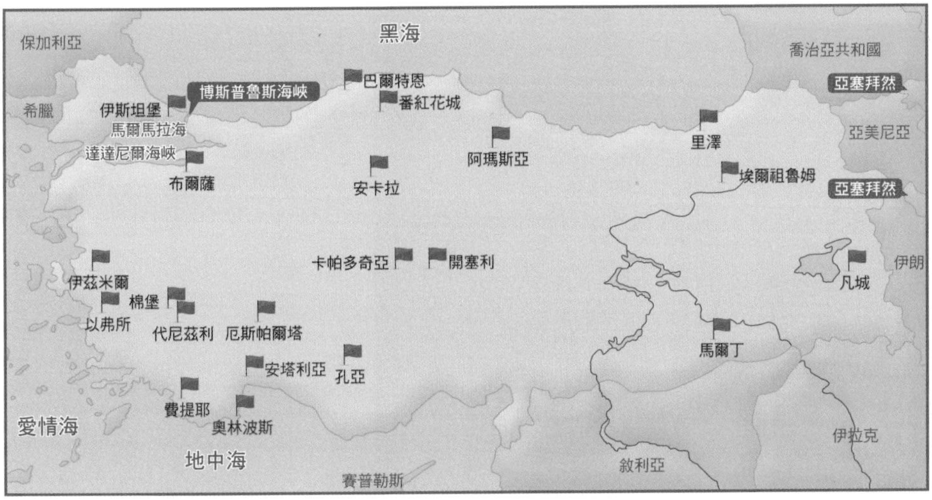

書中所提，土耳其主要城市位置圖。

# 誰是土耳其人

後來我才得知，我住的公寓在貝奧盧區著名的古董街（Çukurcuma Caddesi）坡上的頂端。繞過叉路口的清真寺，沿著階梯而上，就是這裡的鬧區。學校和語言班在九月下旬才開學，搬進新家的頭幾個禮拜，我不是在家和麥特及另一位葡萄牙室友韓瑞克聊天，就是一個人到附近閒晃。經過幾天的探訪，我還蠻慶幸住在吉罕吉爾這樣的一個社區。

這裡除了是年輕設計師、藝術家、演員和作家的聚會據點，也隨時可遇見來自不同國家的學生。在鬧區大街上，有生鮮超市、雜貨店、電信行、健身房、早餐店、咖啡館，和附有撞球台的茶館，全部的生活所需，都能在這一百公尺的範圍內取得。我喜歡穿梭在這些餐廳、茶館間，觀察當地人的互動。

由於我的亞洲面孔，很容易被認為是觀光客（伊斯坦堡幾乎沒有華人移民），而被當成觀光客就會有很多困擾。所以，我會穿著很居家，踩著夾腳拖，刻意表現出在當地生活很久、怡然自得的模樣，的確避免了許多不必要和無謂的騷擾。

古董街坡頂，右邊是我住的公寓，左邊是綠牆紅瓦的小型清真寺，還可遠眺加拉達塔。

土耳其人也像大多數的歐洲人一樣，夏天一到，就爭先恐後地填滿所有的露天座位。我常去的一家早餐店叫「凡城早餐屋」（Van Kahvaltı evi）。凡城（Van）是土耳其靠近東部邊境的第一大城，凡城早餐的特色，就是將各式各樣的食材，如番茄、小黃瓜、蜂蜜奶油、橄欖、煎蛋、新鮮果醬、各類起司等等，裝在小碟子上擺滿整桌，搭配麵包和烤餅皮一起吃。

每當我進去用餐，為了進步語言能力，當然是用土耳其語來點餐溝通，但這裡的店員總是用英語回答我。可能是附近住著太多外國學生，而大多數的國際學生並不會說土耳其語，或者只會些皮毛，店員怕產生誤會才用英語回應。

擺滿整桌各式食材的凡城特色早餐。

土耳其人熱愛露天座位，享受閒適時光。

## 你是韃靼人？

在這裡生活了幾個禮拜，我發現光憑外貌，根本沒辦法區分誰是當地土耳其人、誰又是外國人，就連土耳其人自己都常常分辨不出來。我在餐館裡常見到這種狀況，服務生滔滔不絕地對著一桌客人介紹菜單和詢問需求後，顧客卻一臉茫然地看著他，服務生才知道對方不是土耳其人。

有一次，我和麥特還有一群朋友去餐廳吃飯，席間有包括我在內的三個台灣人、葡萄牙人、西班牙人、德國人和土耳其人，有人不會說土耳其語，於是我們就用英語交談。服務生怯怯地靠過來，對著麥特用不太流利的英語問餐，麥特很生氣地看著服務生說：「大哥，我是土耳其人，講土語吧。」服務生尷尬地鬆了一口氣說：「你別混在外國人裡面啊。」

不只土耳其人會被認作外國人，亞洲面孔的我也曾被誤會為土耳其人。有一回我到甜點店外帶，可能到了後期，說話的腔調與節奏漸漸融入當地，當天鬍子也沒刮，老闆竟然問我：「你是從土耳其哪個城市來的？你的家族是韃靼人還是哈薩克族？」頓時讓我啞口無言。我從來沒想過，一個土生土長的台灣人來到土耳其，竟會被誤認是他們的同胞？

有個笑話這麼說：所謂游牧民族，就是到處游蕩放牧，今年來到中國長城腳下，過幾年草場鬧鼠災、蝗災或其他疫情時，就可能轉去中亞草原；再過十年，中亞草原鬧災時，就可能遷移到東歐草原。一路上掠奪人口，可能一個突厥男人在長城下搶了一個中國女人，生一個兒子是純蒙古人種，在中亞又掠奪了一個波斯女人，生一個兒子是歐亞混血，十年後，他歐亞混血的兒子在東歐又掠奪了一個俄羅斯女人，生個孫子就是高加索人了。結果一家子蒙古人種、歐亞混血、高加索人種都有，搞不好這個家族的後裔，就成了土耳其人。

## 匈奴、突厥到塞爾柱——種族大遷徙

事實上，土耳其人認為，他們的祖先最早可追溯自匈奴。在可考據的範圍內，第一個匈奴單于是西元前二二〇年即位的「頭曼」，他的兒子「冒頓」單于，也就是歐烏斯汗史詩（Oğuz Kağan Destanı），即突厥神話中的始祖。相傳歐烏斯族分成兩支，每支共有十二個部落。其中鄂圖曼土耳其人和塞爾柱土耳其人的祖先，就分別來自「卡耶部」和「克尼克部」。

匈奴帝國被漢武帝朝廷的霍去病和衛青大舉北伐後，勢力衰微而南北分離。西元一五〇年，鮮卑佔領北匈奴領地，一部分的北匈奴人西遷到烏拉山一帶（今俄羅斯中西部一座縱向山脈，被認為是西伯利亞大陸亞洲和歐洲的分界線），建立了「歐洲匈奴帝國」，實力之強，甚至入侵當時的東西羅馬帝國。另一部分的人則投奔降漢的南匈奴，逐漸被漢化消失。

五五二年，歐烏斯族的首領「土門」可汗起兵消滅了中亞的柔然人，建立了史上第一個以「土耳其」（Turk）為名的「突厥汗國」。全盛時的疆土東至大興安嶺，西至鹹海，北越貝加爾湖，南面則與印度相鄰，和隋唐抗衡。五八一年，帝國正式分裂成「東突厥」和「西突厥」。

唐太宗貞觀四年（630），派出李靖等人北伐，東突厥滅亡。至於西突厥，除了本身的內亂外，也和西面波斯的薩珊王朝戰爭，在六五九年被唐朝的蘇定方消滅。前述被消滅的東突厥，在六八二年脫離中國統治，成立後突厥汗國，不到一個世紀便被同樣是土耳其人的另一部族——回紇給消滅。

歸依回教後，不同部落的土耳其人相繼在中亞（今土庫曼和烏茲別克一帶）建立了卡拉罕王朝（932-1212）和哥吉寧王朝（963-1183）。而在十世紀初崛起的塞爾柱土耳其帝國，在這兩大王國的夾殺下，被迫南下並向西進攻今伊朗與亞塞拜然等地。此後，塞爾柱土耳其人不斷擴張，一〇六七年派軍至小亞細亞與拜占庭帝國交鋒。當時的拜占庭皇帝狄奧傑斯（Romanos Diogenes）親率二十萬大軍東行，準備在凡城一帶決戰，而塞爾柱土耳其人卻只有五萬士兵迎戰。對於當時強大的拜占庭帝國，看似穩贏的局面卻有相反的結果。

原來拜占庭軍隊中的一大部分成員，是同為歐烏斯族的貝切內克土耳其人和烏斯土耳其人，他們在突厥內戰中被迫遠走東歐，投奔拜占庭帝國。這次被徵召至小亞細亞與自己的同胞作戰，最終臨陣倒戈，才使得實力懸殊的塞爾柱土耳其人獲勝。

自此之後，塞爾柱土耳其人便在短時間內控制了小亞細亞大部分的土地，開啟了土耳其人的歷史新頁，除了宣告土耳其民族正式進駐小亞細亞地區，也奠定了往後盛極一時的鄂圖曼土耳其帝國，和現今土耳其共和國的基礎。

歷史上的土耳其民族，在先後的時間點上建立了如匈奴、突厥、回紇、卡拉罕、哥吉寧、塞爾柱、鄂圖曼等國家，一路由中國北方向西遷徙，兩千多年的時間裡與中國、波斯、蒙古、羅馬等帝國交戰，終於在歐亞交界的小亞細亞地區定居下來。然而對於今日的土耳其人來說，「土耳其國歷史」便是始於歐烏斯土耳其人在小亞細亞的發展與經營，直到一九二三年土耳其共和國的成立。

土耳其人經過千百年來的遷徙，與歐亞各民族通婚，加上國土幅員遼闊，另有阿拉伯人、庫德人、亞美尼亞人、拉茲人、札札人、韃靼人、維吾爾人等民族，也因此現今土耳其人的外貌並沒有一定標準。嚴格來說，經過幾世紀的民族交融，已經沒有純種的土耳其人了。也因為地緣的關係，他們和希臘、義大利也被廣義歸類為「地中海人」。

## 外貌百百種，姓氏概念淺

葡萄牙室友韓瑞克比我早到伊斯坦堡兩個月，暑假期間他來土耳其參與國際志工，九月要到海峽大學攻讀國際關係碩士學位。他從來沒有正式學過土耳其語，不過大家都說他長得「比土耳其人還土耳其」——一頭深棕色的捲髮、黝黑的皮膚、濃密的絡腮鬍，和筆挺的大鼻子。由於外型容易被誤認，除了髒話，他最流利的土耳其話應該就是：「我不會說土耳其語。」

韓瑞克說，阿拉伯帝國的版圖曾擴張到現今葡萄牙和西班牙的伊比利半島上（白衣大食），他猜測包括他自己，以及許多西、葡人，多少都有一點阿拉伯血統。

麥特則是一頭金色的捲髮，高加索白人種的膚色，加上偌大的藍色眼珠，他是土耳其人口中的「白土耳其人」（White Turks）。但麥特卻來自中部地區的首都安卡拉（Ankara），家族都是道地的土耳其人，媽媽也有一頭漂亮的金髮。他不確定自己是否有歐洲人血統，因為沒有族譜可查。

直到一九二三年共和國成立，為了發展現代化而制定「姓氏法」以前，土耳其人甚至沒有姓氏的概念，而是用「某某人的兒子」當作自己的姓。「姓氏法」執行後，土耳其人便天馬行空地想辦法為自己取一個姓。許多人以家族的職業或族長的外觀特徵做為依據，例如Demirci（鐵匠）、Akbıyk（白鬍子）；或是自然現象——Yildirim（閃電）、Akarsu（流動的水）；或是愛國情操——Yiğiter（勇士）、Türker（土耳

我的兩位室友麥特（左）與韓瑞克，誰更像土耳其人？

其戰士）等等。

建國有功的國父凱末爾，則被賜姓Atatürk，意即「土耳其人之父」。這個姓氏僅他一人保有，除了表示尊敬外，也因凱末爾並無親生子嗣。

土耳其人不僅在外貌上東西方融合，在性格文化上也有這種特色。我發現，他們對內如同東方人般，重視宗族情感、講究人情；對外又像西方人，能在社交場合自然地發表自己的意見。游牧的突厥民族本來源自於東方，而土耳其人定居歐亞要衝的小亞細亞後，開始與歐洲人接觸，戰爭、貿易甚至通婚，共和國成立後的西化政策，更讓土耳其人漸漸以「歐洲人都這麼做」或「歐洲人不會這麼做」的標準，來看待事情的好壞。

有時家裡沒有材料開伙，或是懶得出門吃飯時，我們室友三人會一起叫外送。土耳其有個相當熱門的食物外送平台，透過網頁或APP叫外送，漢堡、中式炒麵、壽司、烤肉、土式自助餐、三明治、咖啡、甜食等應有盡有。而且完全沒有金額限制，就算只點一份，外送員也會風塵僕僕地騎著改裝過的摩托車送過來。

韓瑞克每次去應門的時候，總是搶在外送員開口前，用標準的土耳其語說：「我不會說土耳其語。」外送員總會傳來懷疑的眼神。

每當三個人的帳有問題時，我和麥特講土耳其語，對著長得像土耳其人的韓瑞克說英語，外送員總是愣愣地看著我們這樣不合理的外貌和語言組合。

他應該會在心裡納悶：「你們到底誰才是土耳其人？誰又是外國人啊？」

# 文化中的語言

學習外語有趣的地方，一定不是在課堂裡查單字、記文法，而是與人真實對話的成果驗收。再進一步，學習不同的語言後，才發現文化背景的差異之下，使用的話語也會有不同習慣。

舉一個例子。天氣是北歐人每日最關心的事情，大雪紛飛的冬季動輒零下的溫度，幾乎佔滿大半年的日子。因此，芬蘭人提起現在氣溫幾度時，總是略過「零下」這個多餘的字眼，零上反而才須特別說明。零下二十度，他們會直接說：「氣象預報今天大概二十度，明天會上升到十四度喔！」

而台灣人最關心的是「食」。三不五時就聽聞哪間新開的餐廳大排長龍，觀光景點也幾乎都有夜市或小吃街。因此，道地台灣人的招牌問候語，不是「你好嗎？」而會說：「甲飽沒？」在戰時的台灣，能吃飽，某種程度上表示一個人至少不至於過得不好，現在則多是象徵性的問候。

美國有一位靠著自學、能流利或中等程度說二十三種語言的年輕人杜納（Tim Doner）說，當你翻開波斯語的課本，學會了「你好」、「謝謝」，或「多少錢」等用語時，並不代表你會「用」波斯語。事實上，當你走進一間伊朗人開的書店，問老闆這本書多少錢時，他可能會回答你：「這一文不值。」

這當然不是說這個東西免費，而是一種根深柢固的文化，叫Taraaf，也就是在對話時，彼此想表達得比對方更為謙虛。所以當老闆在說出實際價格前，先貶低自己的商品說它不值錢，或許是稱讚對方的好眼光。再者，當他和伊朗朋友對話時，當想表達謝意或很高興認識你，卻時常聽到對方說：「讓我為你犧牲生命！」這也是他們文化裡呈現至高無上敬意的表達方式。

聽起來或許會覺得很誇張，但換個角度想，外國人對於台灣人的問候：「你吃飽了沒？」這樣自然而然的關心，是否會納悶：「如果我沒有吃飽，難道你要請我吃飯嗎？」

## Geçmiş olsun，讓它過去吧
## Çok yaşa，祝你長命百歲

我發現土耳其人的日常對話當中，就有一些特殊的用語。

他們有許多的問候或祝福語，像是「Geçmiş olsun」，意即「讓它過去吧」。當朋友生病了，或是正處於一個艱難的時期，例如期末考，你都可以對他說Geçmiş olsun，願他的病痛快些過去，或願他能盡快撐過期末考的準備日子。

又或是像我正為申請居留證的事情煩得焦

土耳其人永遠把窩心的問候與祝福掛在嘴邊。

頭爛額時，朋友聽聞後一定會送上一句 Geçmiş olsun，表達他對你的關心。我慢慢察覺到，土耳其人的話語裡很注重禮貌與關懷，如果沒有在適當的時機說出口，很可能會冒犯到他們。（不了解這種文化的外國人當然另當別論。）

聽見別人打噴嚏的時候，周遭的人總會接著回應：「Çok yaşa.」很多國家都有這樣的文化，比如英文的 Bless you.；不同的是，Bless you 是上帝祝福你的意思，而 Çok yaşa 的字面意思是——祝你長命百歲。打噴嚏的人也會回應：「Sen de gör.」意即「你也是」。

所以很多時刻，尤其遇到那種過敏而噴嚏接二連三的人，就會一直聽見別人重複祝他長命百歲，兩人互相祝福對方活很久的場面。這總讓我想起日本人在道別時，不停互相九十度鞠躬的畫面。個性隨和的土耳其人，沒想到也有如此堅持的禮節文化。

## Canım Benim，我的生命
## inşallah，但願如此／願阿拉成全

有時候我很喜歡跟老一輩的土耳其人說話，總會從他們口中聽見一些誇張的用詞。尤其是大嬸，若你跟她說話很投機，就會時不時聽她讚歎一句：「Canım Benim.」直接翻譯就是——我的生命。土耳其女生很常把「canım」（我的生命）、「aşkım」（我的愛）、「sevgilim」（我的愛人）、「kuzum」（我的小羔羊）掛在嘴邊。

在普通的日常對話中，土耳其人也很喜歡稱對方「abla」（姊姊）或「abi」（哥哥）；若要跟你套交情，男生會被稱為「kanka」（kan kardeşi的簡稱），意思是blood brother。很多時候和新朋友聊天卻這樣叫我時，總是讓我起雞皮疙瘩，親暱得好像我們是拜把兄弟，事實上才認識幾個小時而已。這也顯示了土耳其人喜歡「搏感情」的特質。

在安納托利亞（Anatolia）相對保守的城鎮裡，又是不一樣的情景。當我在土耳其中部城市旅行時，不再被稱為abi，而是「hocam」（我的老師）；若攜伴的話，女生就成了「yenge」（大嫂）。Hoca原用於《可蘭經》（*Kuran*）的導師，我想，是否某些地區對宗教的情感連結較深，認為遇見的人都可以是生命的導師，因此抱著尊敬的態度來稱呼。

事實上，土耳其文是一個混合的古老語言，單字裡夾雜了大量的阿拉伯文、波斯文和法文，可以從字的組成去辨認。又因為宗教的關係，與阿拉伯文有更深的淵源。最基本的招呼語「selam」（你好）和「teşekkür ederim」（謝謝）都是阿拉伯文。尤其土耳其人有一句口頭禪，叫做「inşallah」，意思是「但願如此」；若從字根上來解釋，就是——願阿拉成全。

這種強烈宗教性的字眼在我口中說出來，對於第一次聽見的土耳其人來說，覺得很不可思議。當土耳其朋友祝我早日拿到居留證時，我便隨口自然而然地說了：「inşallah!」他們總笑得花枝亂顫。一方面是因為出自非穆斯林之口很奇怪，一方面則是因為使用得非常正確。

## Kolay gelsin，讓它簡單的來吧

## Elinize sağlık，你的手藝真好／願你的手健健康康

在土耳其，當你接觸到正在工作的人，不管是咖啡店裡的服務生、銀行裡的行員、外送餐點的小弟，甚至是辦公室裡的老師，一定會聽到這句問候語：「Kolay gelsin.」若直接照字面翻譯，就是——讓它簡單的來吧。

Kolay gelsin有點像英文口語的Take it easy或Good luck，意即當你使用完某項服務時，對於工作中的人給予祝福，希望他能輕鬆面對工作。反之，你也可以在使用服務前，例如走到百貨公司的服務台，在提出問題前，先對工作人員說一句Kolay gelsin，像是一種對工作的尊重和禮貌招呼。

對於說Kolay gelsin的頻繁程度，一開始我覺得很彆扭且多餘。面對一個素昧平生的人，只為了要問他一個問題，或是來到店內消費，卻還要在乎他的工作狀態，告訴他：「嘿！放輕鬆點，我想買杯咖啡。」離開時，對他再說一次Kolay gelsin，希望他能輕鬆地工作。

我想，這並不表示土耳其人的天性是喜好社交或不怕生的，這種語言上的關懷——不管真心與否，只是一種自然而然的問候。

令我納悶的是，我在家裡煮飯的時候，若有朋友來訪，看見我在廚房忙著，也會對我說Kolay gelsin。我只是做個菜，其實不麻煩的！後來我才漸漸了解，這就是土耳其人對你表達關切的方式，他們在乎你正在做的事情。

另外，不管在餐廳用餐或到別人家做客，在料理上桌前和餐畢，會聽見土耳其人說：「Elinize saglık.」意思是——你的手藝真好。若直接翻譯，則是——願你的手健健康康。或許聽起來很滑稽，背後的意義卻很合理：真是勞煩你的手了，做這麼棒的菜給我們吃，願你的手永遠健健康康，不要受到任何傷害。（或許以後還有機會吃到？）

而在開飯前，廚師或主人則會說：「Afiyet olsun.」（讓它像盛宴一樣吧！）意思類似法語的Bon appetit（祝你有好胃口）。據說是因為從前土耳其比較窮苦，只有簡單的麵包配湯，人們只好催眠自己，把它當作盛宴來享用，這句話也沿用到現在。

## 最特別且溫暖的語言

身為一個東方面孔，在土耳其說著土耳其語，對我來說是個意想不到的人生經驗。對此，我時常感到慶幸。因為說著他們的語言，確實拉近了與當地人的距離，他們也會把你當成一分子，我更能藉此理解原本身為外國人不太能感受到的語言文化。

土耳其人不一定是最善於溝通的民族，但他們說話的方式，或許是世界上最特別且溫暖的。對於說著土耳其語的自己人，他們永遠把窩心的問候與祝福掛在嘴邊；對於語言不通的外國人，他們也不吝於展現土耳其民族的好客與熱情，聊得愉快就請你喝杯茶，甚至邀你到家裡用餐。常常只是問個路而已，平白無故好幾個小時就過去了。

土耳其人在某種程度上跟亞洲人有些相像，他們很愛問你從哪裡來，今年幾歲，有沒有男女朋友，對你的身材品頭論足，甚至想知道薪水多少。或許對某些人來說是一種冒犯，但當我更了解土耳其人，我知道這是他們真心想和你做朋友，想了解你，和你拉近距離，並不是有意窺探你的隱私。

有別於日、韓文中廣泛且必須使用的「敬語」，以表達對長輩的尊敬；土耳其語則是在日常對話中大量使用這些祝福與問候詞，不論尊卑，展現的是土耳其人的團結一致，以及對人的關懷。

和土耳其人說話，常常覺得很戲劇化，什麼「我的生命」、「我的小羔羊」、「讓它過去吧」、「願

土耳其人不一定是最善於溝通的民族，但他們說話的方式，或許是世界上最特別且溫暖的。

阿拉成全」，這些話一開始讓我覺得很尷尬。但不知從何時開始，我才體認到，那些我認為多餘且難為情的話語，真正是一種拉近人與人距離的方式。當我生病或身陷麻煩時，土耳其朋友的一句 Geçmi olsun，總會讓我覺得很窩心；當我煮台灣料理給他們吃的時候，喜歡聽他們對我說 Elinize sağlık。

等回到台灣，發現在辦公室打噴嚏沒人理你，吃飯前不用說任何話就開動，不會有人在你工作時在意你的狀況，對你說 Kolay gelsin，竟然有些不習慣與落寞。文化影響的說話習慣，只有在瞬間轉換的那一刻能夠深切體會。

然而，我最喜歡土耳其語道別的方式，互相說再見時，他們會說：「Güle güle.」意思是——微笑著走吧。

第二部

# 忘不了的呢喃

## 文化如此多嬌

生活在土耳其，身體的聽覺終究會習慣一天五次的喚拜，
它已經是一道無形的城市風景。

土耳其也是世界第一會喝茶的國家，問為什麼愛？
答案很詩意：「可能為了單純的喝茶樂趣吧。」

土耳其各式美食。讓它像盛宴一樣吧！

# 真主的呼喊

有時候天還沒亮的清晨四、五點鐘，我就會被吵醒。

住家對面距離不到十公尺的街口轉角，有一座隱身在樹下的小型清真寺，淡綠色的外牆搭配橘紅色的屋頂磚瓦，絲毫沒有違和感。氣派的正門連結雙面的階梯，但只准男性使用，在對街的梳洗亭盥洗過後，他們便魚貫進入。女性要進去，得繞道由大樹後方不顯眼的側門走，門旁的牆壁寫著：「女性入口」。

第一次來到土耳其的遊客大都很好奇，那由清真寺尖塔上的擴音器發出來的吟誦旋律，是在唱歌？還是在廣播什麼重要的事情？

## 每日五次的喚拜

大多數的伊斯蘭教國家，會透過清真寺的宣禮塔，向附近的民眾喚拜，喚拜的吟誦是根據《可蘭經》所使用的阿拉伯文。每日五次，用吟唱的方式提醒教徒，分別是晨禮、晌禮、晡禮、昏禮和宵禮的朝拜時間到了。洗腦式的吟誦，也宣示伊斯蘭教真主阿拉的至高無上。

晨禮就是黎明前的禱告，晌禮是日出到

離我住家最近的小型清真寺，淡綠外牆搭配橘紅屋瓦。

日中，晡禮是日中到午後，昏禮在落日後，宵禮則是在入夜之時。根據日出與日落的情況，每天的喚拜都會比前一天的時間相差一到兩秒。每個城市和地區的日出、日落時間也不同，東部的城市都會比較早。

每次約五分鐘的喚拜內容如下：

「阿拉至大，阿拉是最偉大的。」

「我證明除了阿拉之外沒有別的神靈。」

「我證明穆罕默德是阿拉的使者。」

「快來朝拜吧。」

「快走上救贖之路吧。」

「禱告比睡眠更為重要。」

「阿拉是最偉大的。」

「除了阿拉之外再也沒有別的神。」

這座社區型的清真寺宣禮塔和擴音器高度，剛剛好就面對著我房間的窗戶。剛開始入住的每天清晨，總會被清真寺裡伊瑪目（imam，類似住持的神職人員）的嘹亮吟誦聲給吵醒。更令人崩潰的是，在距離大約一百公尺的另一個街區，有一座更大的清真寺，這兩座清真寺或許因為地理位置的關係，較遠的那座總是晚個兩秒，聲音才傳進我的窗戶。兩座清真寺的伊瑪目就這樣對唱起來，每天一大早都要在這樣的誦詞中驚醒。

不過老實說，第一次聽見喚拜，直覺讚歎它優美而哀傷的旋律。聽聽清真寺之間高亢地對唱也別有一番樂趣，只是在清晨時分的睡夢中被吵醒，的確不是件好玩的事。麥特總是跟我說：「對面那傢伙吵到你的話跟我說，我去跟他理論。」

第一次聽到時，我還高興得不得了地跟他確認：「真的嗎？可以叫他別唱？」「別傻啦！他唬你的。喚拜是清真寺很重要的一樣功能，土耳其人也一樣，不管你是不是穆斯林，他每天就是按時唱五遍給你聽。」麥特的女朋友梅爾達搖搖頭，不知道是笑我被耍了，還是也感無奈。

## 突厥人歸依回教之路

政府的官方數據顯示，土耳其有將近百分之九十八的人民是穆斯林，但真正虔誠並遵守教條的，只有百分之二十三。麥特和梅爾達說，幾乎所有的土耳其人一生下來，身分證上宗教那一欄就直接被印上「穆斯林」。至於你對伊斯蘭教的信仰程度，取決於自己或家庭的影響，政府並不會干涉。

事實上，追根溯源，土耳其人原本不是穆斯林，而是信奉部落信仰的薩滿教。回教的創始者穆罕默德於六三二年逝世後，其岳父繼立，為第一任哈里發（khalifa）。哈里發源自於阿拉伯語，意謂「繼承人」，可視為回教的「教宗」。在當時，不僅是精神領袖，更是阿拉伯帝國的實權統治者。

在土耳其，可真實感受到一個開發中國家在維護宗教傳統和發展現代化世俗道路之間的掙扎。

穆罕默德死後，進入了四大哈里發時期（632-661），這四任哈里發都是民主推舉產生，因此獲得大多數的穆斯林認可。哈里發在位期間，積極向外征戰，傳播伊斯蘭教，為阿拉伯帝國鞏固基礎。到了六六一年，第四任哈里發遇刺身亡，哈里發頭銜在叛變的敘利亞總督利誘下交出，從此開啟了哈里發改為世襲制的伍麥亞王朝。

在四大哈里發時期，阿拉伯人與突厥人大抵井水不犯河水，彼此相安無事。自伍麥亞王朝後，阿拉伯人開始越界攻打突厥人，互相交戰至七三七年，突厥人勢力被瓦解，臣服於伍麥亞王朝之下。但當朝的哈里發昏庸無能，歧視非阿拉伯人，又虐待非回教徒，因此怨聲載道，叛變四起。七五〇年阿拔斯起義，獲得廣大支持，被擁立為哈里發，建立了阿拔斯王朝。阿拔斯摒棄阿拉伯人的優越感，善待突厥人，吸引許多人歸依回教。

當時唐朝的勢力也逐步擴展到中亞，並與阿拉伯帝國爭戰。周旋在兩大帝國之間的突厥人，面臨了一個自己無法抉擇的困境——在中國與阿拉伯帝國交戰下，他們必將臣服於勝的一方。若是中國戰勝了，他們便有可能成為唐朝的子民；如果阿拉伯人打贏了，突厥人將被迫加入回教世界。

七五一年，兩軍在怛羅斯河岸展開激戰，即著名的「怛羅斯之役」（Battle of Talas）。有趣的是，由於唐朝在西域的龐大勢力，屬於突厥一支的葛邏祿人也被徵召參戰，卻又臨陣倒戈，使得唐將高仙芝的兵力大減三分之一，於是節節敗退，最後把中亞地區廣大的領土讓給了阿拉伯人。

突厥人爾後開始大批歸依回教。到了十一世紀中，阿拔斯王朝的哈里發任命塞爾柱土耳其人擔任總司令要職，從此以後，土耳其人在回教世界日益壯大。

在阿拉伯帝國鼎盛時期，哈里發是伊斯蘭世界的最高權威，然而帝國衰微後，就只剩下宗教領袖的象徵意義。十六世紀初，土耳其蘇丹塞林一世攻佔了埃及的馬木留克王朝，時任的哈里發頭銜從此轉讓在土耳其帝國的蘇丹名下。土耳其正式成了回教世界的代言人。

然而四百年後，土耳其共和國的創始者凱末爾卻認為，宗教的拘束是影響國家進步的重大因素，因此廢除哈里發制度，下令政教分離，並從最顯著的衣著外觀上進行改革。男性不再戴費士帽或纏繞頭巾，女性可以從層層束縛中解放，不必再包住身體和頭部。

一九二三年施行政教分離後，土耳其遂從保守的伊斯蘭教體制，逐步走向世俗化社會。如今的土耳其是回教世界中最開放且自由的國度，人民可以在不影響他人的前提下，自由選擇是否遵守伊斯蘭教的規範，並給予尊重。

戴著改良費士帽、正在讀經的老者。

## 不同程度的信仰虔誠

根據我的觀察，土耳其人民對於伊斯蘭教的信仰，可依照虔誠程度分成三類：

第一類偏向無神論者，像麥特與梅爾達，以及我所接觸到伊斯坦堡的年輕朋友們。他們不在乎伊斯蘭教的教條，宗教對他們的生活也沒有任何影響。

有一次我嘴饞想吃從台灣帶來的泡麵，也順便煮了他們的份。上桌後，我才想起這裡面有豬油，在他們入口之前，我大叫：「別吃！這裡面有豬油！」他們卻老神在在說沒關係，他們的身分證上雖然寫穆斯林，實際上並不是。這些人在我眼中，和一般的西方人沒什麼兩樣，雖然身處在相對保守的土耳其，卻可以吃豬肉（雖然很難買到也很貴）、抽菸喝酒、婚前性行為，都是再普通不過的事情。

第二類是一般穆斯林，他們遵守最基本的教條，不碰豬製食品，齋戒月（Ramazan）不進食。女性選擇不包頭巾，穿著沒有任何限制，無論男女，抽菸、喝酒也不是什麼禁忌。比較不同的是，對於性觀念的開放程度，有人不贊同婚前性行為，可以廣交異性朋友、自由戀愛，但嚴守最後一道防線。

一群土耳其女學生在宿舍聊天，總愛問外國女生的性經驗。外國學生侃侃而談，但反問她們時，先是避而不談，再來就極力否認自己有經驗。一位朋友就說：「她們其實都有男朋友，也都有過夜。她們嘴裡說沒有，只是怕傳出去對穆斯林身分不好，人家會說閒話。這些女生其實壓力很大。」

土耳其的電視劇最愛發揮這樣的題材。愛慕帥氣多金男主角的窮苦人家女孩，趁男主角酒醉時跟他發生性關係，想要藉此套牢他，但男子卻和另一位千金小姐訂婚。窮苦女孩只好依照家族的決定，嫁給一個自己不愛的人。洞房花燭那晚，新郎發現窮苦女孩早已遭到佔有後，氣沖沖地一路拖著新娘回女方老家，要求「退貨」。家族男性不斷道歉外還毆打女孩，直到媽媽相救。媽媽連夜帶著將被家族審判的女孩偷溜出門，到多金男主角的大宅院前敲門討公道……

我問土耳其朋友，在這個年代真的有這樣的情況發生？她說不多，但一些東部小鄉鎮還是存在這樣的觀念。雖然劇情誇張，但或許對於偏遠地區來說寫實的成分很高，因此這類電視劇在土耳其很紅，甚至中東其他地區也非常受歡迎，時常外銷至他國。

第三類就是虔誠的教徒。他們嚴守教規，每週固定進清真寺禱告。女性外出時一定包著頭巾加上長袍，遮住身體的曲線，只有手和臉可以露出來。她們對於戀愛及婚姻沒有太多選擇權，大多聽從長輩的安排。男性雖沒有服裝或外觀上的差異，但有些人手上會繞著念珠把玩。

我和虔誠的穆斯林沒有太多接觸，除了大

戴頭巾與否和服裝樣式，在土耳其可視為女性對於宗教所抱持態度的外在象徵。

多數年齡較為年長外，生活圈也不太有交集。不過，還是可以看到包著頭巾長袍的媽媽，和穿著清涼的女兒走在一起，家長不強迫子女必須和他們一樣，顯示土耳其的宗教自由及家庭對信仰的開放態度。

## 保守規範下的女性自覺

走在像伊斯坦堡這樣大城市的街頭，你可以看見打扮和歐美一樣開放的土耳其人、只包頭巾其餘皆自由穿著的女性，或是穿全罩式黑色長袍加頭巾的女性，形形色色的服飾裝扮，正是因為信仰的開放與自由。

不過我也發現到，有一類族群很特別，光從外貌上判斷，她們介於第二類和第三類之間。和虔誠的教徒一樣，她們包著頭巾，卻是色彩斑斕（我曾看過豹紋的）；有些則穿著改良式長袍（較為緊身），臉上濃妝豔抹，手提名牌包，腳上踩的是三吋高跟鞋，走起路來婀娜多姿。

遵從宗教規範之下，也希望能表現自我所認為的美。

每次看見她們的身影，都會吸引我的注意力，因為那種帶點炫耀性的矛盾，讓我感到困惑。

伊斯蘭婦女包上頭巾與長袍，目的是保護婦女因為身體暴露而可能遭受的侵犯性眼光；我的困惑是，既然這些女性選擇了遵守伊斯蘭教的保守規範，為何又試圖以花枝招展的外型吸引他人？

「這些舉動很沒意義。」身為非穆斯林女性的梅爾達似乎很不以為然，「她們並不知道自己在幹嘛。這些人一方面希望保持對伊斯蘭信仰的虔誠，另一方面內心卻渴望解放與自由。夾在兩者之間，就變成這副模樣。」

「問題是，哪個女人不愛美？穿著符合信仰標準的服裝，思想與審美觀卻漸漸受到歐美主流文化的影響，她們應該也很難抉擇。」我說。

「對我來說，她們是讓宗教困惑的人。如果審美標準已經不同了，何必拘泥在服裝的形式上，讓自己看起來不三不四的？只要心安理得的虔誠就行了。」梅爾達說，「不然就像我一樣，乾乾脆脆選擇不當穆斯林，自由自在，根本不必在意別人的眼光。」

「我倒覺得那些女性這麼做，其實是一種宣示，想表達女性因為宗教信仰而在服裝上有所束縛的不滿。」麥特說，「為什麼男生不必受規範，而女生就得躲躲藏藏？我就是要表現我認為的美，在道德標準沒辦法反駁我不遵守服裝規範的前提下。」

戴頭巾與否和服裝樣式，在土耳其可視為女性對於宗教所抱持態度的外在象徵，你可以輕易地從外觀來判別宗教的保守程度及立場。那麼，像梅爾達這樣的土耳其女

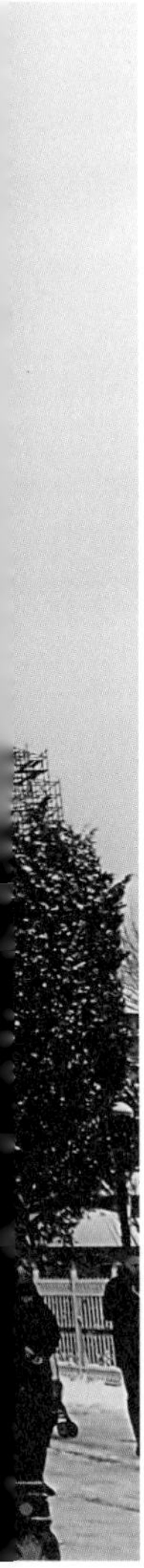

雪中的藍色清真寺（Sultan Ahmet Camii）。（蔡雯潔 攝）

生，會不會覺得包頭巾的女性是落伍且過度保守的？相反的，虔誠的穆斯林女性，會不會鄙視像梅爾達這類的女性不自重，而在心裡嘀咕：「妳們是想下地獄嗎？」

如果各自有這樣的想法，我想她們也不會成為朋友。就我的觀察，虔誠的教徒多和自己立場相當的女性做朋友，反之亦然。梅爾達的女性朋友中，我沒有看過包頭巾的，幾乎都是思想和穿著前衛西化的女生。不過，混處的情況也還是存在的。

## 一道無形的城市風景

有一段時間，麥特的媽媽哈娃從首都安卡拉來探望他，和我們住同一層公寓。她算是在那個年齡為數不多沒包頭巾的穆斯林女性。哈娃的個性非常活潑開朗，對於外國事物了解不多，但接受程度很高，不像有些土耳其大媽一聽到我們吃豬肉，就露出厭惡的表情。麥特告訴她前幾天我煮了含有豬油的麵給他吃，哈娃竟笑笑地對麥特說：「讓它像盛宴一樣吧！」

偶爾對街的清真寺又開始喚拜時，我、麥特或韓瑞克，會習慣性地分別從自己的房間內，跟著呢喃聲隨意哼唱那高低起伏的音律，就像附近兩座清真寺對唱那般。那天我們忘記哈娃在家，她聽到後，馬上一巴掌拍向麥特的腦袋，似笑非笑地罵道：「你這猴死囝仔！給我放尊重點！」但她也被我們的舉動逗得開懷。

說到伊斯蘭教，大多數人在主流媒體報導下，聯想到的多是激進恐怖分子，這種狹隘觀點讓我感到悲傷，因為許多和善的穆斯林，甚至生在如土耳其這種回教人口佔多數的非穆斯林，都會被貼上負面標籤。

伊斯蘭教或許是現今世界上具有爭議性的宗教，不管在女性平權、政治或民族的議題上。單就土耳其來看，我真實感受到一個開發中國家在維護宗教傳統和發展現代化世俗道路之間的掙扎。

生活在土耳其，身體的聽覺終究會習慣一天五次的喚拜，它已經是這個國家生活裡不可或缺的一項元素，一道無形的城市風景。每當喚拜聲響起時，我都會想像清真寺裡的伊瑪目，手持麥克風，朝著麥加的方向，唱著那些頌詞。身後是成群跪拜的虔誠信徒，尋求阿拉的庇佑。

每次想到土耳其，那憂傷的呢喃聲總會不自覺地縈繞在心頭。

星期五是穆斯林的「主麻日」（Cuma），下午會在清真寺舉行禮拜。

# 博斯普魯斯堡壘上的歷史課

秋高氣爽的十月份，我和韓瑞克走了一趟位在伊斯坦堡北邊的海峽大學。公車沿著博斯普魯斯海峽（Boğaziçi）的海岸一路向北，在美麗的海峽風光中，逐漸遠離繁雜的鬧區，人潮與車潮不再那麼擁擠。

經過了伊斯坦堡最黃金地段——貝貝克區（Bebek），這裡是擁有無敵海景的豪宅群聚區，隔著一條馬路，便是停放自家遊艇的碼頭。住家門前車輛不見幾台，豪華遊艇倒是沿著岸邊排排站。貝貝克有一家三層樓高的連鎖咖啡店，在大片落地窗前啜飲咖啡，望著海峽上來來往往的私家遊艇，和偶爾緩緩駛過的大型貨櫃船，形成了強烈對比。冬天下雪的時候，對岸亞洲的山頭上樹林與房屋白雪皚皚，海峽的蕭瑟光景又別有一番風情。

海峽大學是土耳其最高學府之一，在二〇一三年泰晤士高等教育世界大學排名中，是唯一躋身前兩百名的土耳其大學。前身是美國在一八六三年建立的第一個高等海外教育機構——羅伯特學院（Robert's Collage），因此學風較偏向歐美，課程也都採英語授課。

海峽大學也是我認為周遭環境最優美的土耳其大學。校地不大，建築物也不多，但沿著校門一路往校園前進時，居高臨下，博斯普魯斯海峽波光粼粼，清晰可見海岸曲折的稜線，橫跨歐亞兩陸的「征服者穆罕默德大橋」（Fatih Sultan Mehmet Bridge）雄偉地矗立在遠方。

韓瑞克到學校辦理註冊事宜時，我便一個人到山下不遠處、著名的魯梅莉堡壘（Rumeli Fortress）參觀。魯梅莉堡壘建於一四五二年，穆罕默德二世（Sultan Mehmet II）在隔年利用它攻下了他父親花了近半世紀還打不下的君士坦丁堡。

## 鄂圖曼的崛起

自從十一世紀塞爾柱土耳其人正式入主小亞細亞、建立帝國以後，西面一直遭受拜占庭帝國欲收復疆土的攻勢，其中包括由歐洲教皇發起的四次十字軍東征。而東面的蒙古帝國強勢來襲，最後不得不稱臣於旗下的伊兒汗國。十三世紀末，塞爾柱蘇丹事實上已經有名無實。

蒙古人當權的伊兒汗國將小亞細亞地區歸為「羅馬省」，土耳其各部族的首領紛紛脫離塞爾柱帝國，成立了十來個諸侯國，其中

坐在貝貝克區的咖啡店，俯瞰海峽上來往穿梭的私人遊艇。

也包括後來稱霸歐、亞、非大陸的鄂圖曼帝國前身——鄂圖曼侯國。

鄂圖曼侯國的祖先是歐烏斯族土耳其人的卡耶部，當成吉思汗往中亞進攻時，卡耶部逃難到小亞細亞，投靠克尼克部創建的塞爾柱帝國。領導卡耶部的鄂圖曼一世（Osman Bey），在塞爾柱帝國淪為伊兒汗國藩屬之後便脫離帝國，在一二九九年另建立鄂圖曼侯國。

海峽大學校園一景。

從海峽大學居高臨下，清晰可見海岸曲折的稜線。

鄂圖曼侯國原是所有諸侯國中規模最小的一個，這十幾個諸侯國在亂世中仍互相殺伐，想要兼併他國。面對如此局勢，擁有地利的鄂圖曼侯國採取西進政策，慢慢蠶食苟延殘喘的拜占庭帝國。十四世紀初的拜占庭帝國，疆土只剩下博斯普魯斯海峽東岸的半島和歐洲色雷斯的一小部分地區而已。地方諸侯不服從中央，皇帝毫無實權，西方有保加利亞和塞爾維亞人的侵擾，東邊又有土耳其人虎視眈眈。

鄂圖曼侯國國王歐爾汗（Orhan）便趁此機會，於一三二六年一舉攻下在馬爾馬拉海（Marmara Denizi）東南邊的布爾薩（Bursa），定為首都。拜占庭皇帝下嫁其女給歐爾汗釋出善意，歐爾汗也替拜占庭出兵攻打塞爾維亞，事後以歐洲岸的加里波魯半島（Gelibolu）拿為酬謝，更向歐洲邁進。

一三六二年，其子穆拉德二世（Murad II）繼位，翌年渡海擊敗了拜占庭帝國，取得大量的色雷斯土地，疆土遂與保加利亞相鄰。土耳其人大量移居歐洲土地，使得巴爾幹半島上的各國相當不安，便又派出十字軍東征，卻被土耳其人擊潰。其後，土耳其人平定保加利亞，帝國疆域越過馬爾馬拉海延伸到多瑙河岸。拜占庭帝國東西面皆被鄂圖曼侯國圍住，已經成了甕中鱉。

一三八九至一四〇二年間，鄂圖曼侯國先後兼併了其餘八個諸侯國，此時東面暫無可匹敵的對手。西方的歐洲聯軍和十字軍則不斷侵擾，意欲收復失土、解救受圍困的拜占庭帝國，卻都栽在驍勇善戰的土耳其大軍手中，此時的鄂圖曼侯國已是「帝國」之姿。

建於一四五二年的魯梅莉堡壘，見證一段攻城血淚史。（蔡雯潔 攝）

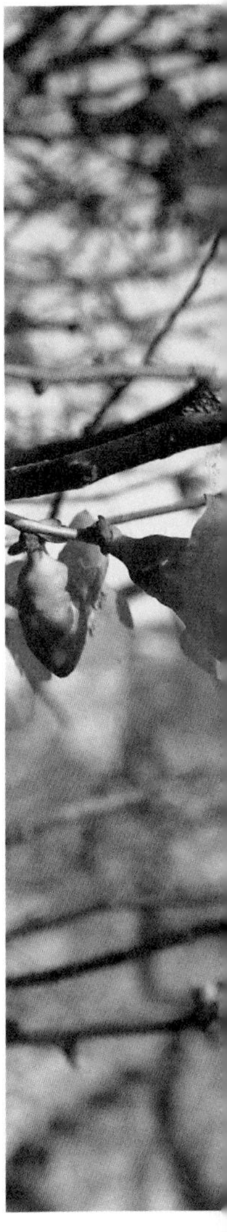

## 君士坦丁堡攻城傳奇

一四五一年，穆罕默德二世即位。急欲一統天下、建立橫跨歐亞帝國的他，想盡辦法要擊潰拜占庭帝國那久攻不下的城牆。當時的拜占庭，像是囚禁在城堡內的城邦國家，只剩下首都而沒有國土，坐落在現今伊斯坦堡舊城區內，花三個小時便可騎馬繞國境一圈。但他們的城牆之牢，士兵只要在牆頭不停放箭就能抵禦攻勢，讓土耳其人每每鎩羽而歸。

來自北方黑海沿岸的希臘人和熱那亞人對拜占庭的援助，是土耳其人的一大憂患。鄂圖曼和拜占庭的對決，不僅是兩國之間的對抗，更是伊斯蘭世界與基督教世界兩大宗教間的糾葛。歐洲來的救援路線已被土耳其佔據的色雷斯領土切斷，只剩下北方經由海路、穿越博斯普魯斯海峽的選擇，而希臘人和其餘信仰基督教的民族眼見危難，便乘著戰艦、穿越海峽來相助。

因此，穆罕默德二世便在博斯普魯斯海峽最窄處的咽喉要道的小山丘上，建造了魯梅莉堡壘，用意就是要阻斷北方來的援兵，讓南面的艦隊能專心攻城。援兵雖然少了，但效果還是有限，因為拜占庭人還有奇招。

我在伊斯坦堡考古學博物館裡看過一條巨型鐵鍊，拜占庭人拿來封鎖住整個金角灣，擋住了海峽支流船隻的進出，讓三面環海的疆土不會腹背受敵，拜占庭士兵只須好好守住西面的狄奧多西城牆。城牆既厚又高，以及士兵修築破損的高效率，土耳其軍隊若正面強攻根本無法突破，挖地道又被居民發現炸毀，屢戰屢敗。

穆罕默德二世便和將領重新擬定策略。一般的火砲根本擊不穿城牆，他命人重金找來原在拜占庭不得志的匈牙利籍工程師烏爾班，製造出口徑七六二釐米、長五點二公尺、重達十八公噸的烏爾班大砲，以備攻城之用。

另一方面，他也想突破被巨大鐵鍊封鎖的金角灣，從水路進行偷襲，海陸夾攻的勝算就大了。他收買了駐守在加拉達區的熱那亞商人，以商業殖民地的優先權交換，讓土耳其士兵在該地鋪設船槽，利用沾滿牛油的木棍的滾輪原理，一路越過小丘。一夜之間，士兵把七十艘土耳其戰艦拖拉著，避開了金角灣海上的巨型鐵鍊，從陸路來到內側海域。

戰艦倏忽間從國土東面來臨，砲聲隆隆，拜占庭皇帝君士坦丁十一世做夢也沒想到那裡會出現敵軍。同時間，烏爾班大砲的砲兵先鋒部隊，也在西面陸路展開猛烈攻勢。

善於守城的拜占庭士兵也不是省油的燈，他們在城牆上塗抹軟泥，有的蓋上棉被，有的以樹枝遮蔽，剛猛的砲彈碰到柔軟的物體，力道至少被吸去一大半。八千守兵對上土耳其二十萬大軍，仍能夠不讓局面一面倒。當時城牆下的壕溝堆滿了土耳其士兵的屍體，到後來穆罕默德二世甚至下令，讓士兵踩在屍體上不動，任由牆頭上的拜占庭士兵射殺，藉此形成一個斜坡，讓後面的士兵可以踩著屍體翻上城牆。

## 穆罕默德二世的帝國雄心

穆罕默德二世曾對君士坦丁十一世心戰喊話：「帶著你的人民和財寶離開吧，我只要這座城。」

末代皇帝平靜地回答：「我可以放棄任何東西，除了這座城。」

土耳其軍隊使用人海戰術，腹背受敵的拜占庭果然因為兵力被分散，城牆填補的速度跟不上受損的程度，君士坦丁皇帝戰鬥至最後一刻壯烈犧牲。一四五三年，拜占庭帝國終於淪陷，也結束了整個羅馬帝國的歷史。時年二十一歲的穆罕默德二世被冠上「征服者」的名號，君士坦丁堡從此變成了伊斯蘭世界。

入城後的土耳其軍隊，按照習俗應大肆搜刮三天三夜，但穆罕默德二世卻別有所思。當他騎著馬來到聖索菲亞大教堂前勘查，發現有些士兵正在搶奪教堂裡的聖物，並違反規定破壞建築，便問士兵為何要這麼做。

「這裡是基督異教的教堂啊，我們是伊斯蘭教徒，當然要鏟除這些邪惡的東西。」士兵回答。

穆罕默德二世一氣之下把這個人殺了，他說：「雖然信仰不同，但我們不是野蠻人和破壞者。」

歐洲各國原以為土耳其人會將眼中的基督異教中心——君士坦丁堡夷為平地，但穆罕默德二世不想接收一個頹毀的城市，而有意保留城中的重要建築，做為帝國的首都。他將聖索菲亞大教堂改建為清真寺，只把教堂內的聖母和主耶穌像用水泥蓋掉，並做了結構大翻修，使它至今一千五百多年仍屹立不搖。

穆罕默德二世在戰勝後，廣納各民族並寬待不同的宗教信仰，號召各地的希臘人、猶太人、熱那亞人等來城中定居，形成了當時世界上最繁盛的城市之一。他說，他不只是伊斯蘭教的蘇丹，更自稱「奧古斯

隨著政權轉移，伊斯坦堡的人文風貌，遂由穿著黑長袍的東正教神父，變成了包著白色頭巾的伊斯蘭教徒。

都」——古羅馬的繼承人和天下共主，在在顯示穆罕默德二世建立多元帝國和擴張的野心。

穆罕默德二世為土耳其後代打下了一片橫跨歐亞大陸的江山，這段歷史固然離我們遙遠，然而當年的建築如聖索菲亞大教堂、魯梅莉堡壘、狄奧多西城牆，令人震懾的壯麗景觀仍矗立在眼前。大教堂經過千年的不斷修復與改建，原汁原味的建材已然不多；相較之下，碉堡和城牆的石材，歷經數百年日曬雨淋而殘破不堪，反而窺見歷史洗禮後的輪廓。許多地方仍可辨識出砲彈炸過的痕跡，戰爭之慘烈彷彿歷歷在目。

我想起多年前在北京郊區親眼看到萬里長城的那一刻，而今在遙遠的伊斯坦堡，也有白雲蒼狗的相同感受。

窺見歷史洗禮後的狄奧多西城牆。（王紀友 攝）

# 帕慕克與純真博物館

或許自古至今，伊斯坦堡這座複雜的城市在各個層面的強烈衝突性，才造就了像費里特・奧罕・帕慕克（Ferit Orhan Pamuk）這樣一位備受爭議的作家。二〇〇六年獲得諾貝爾文學獎時，他得到的評語是：「在追尋故鄉的憂鬱靈魂中，發現文化衝突和交疊的新表徵。」

帕慕克出生於一九五二年的伊斯坦堡，除了旅居紐約三年外，餘生都在這座城市居住，並且也強調以此為榮。他來自富裕家庭，土木工程是世襲家業。祖父靠著為國家建造鐵路而賺進大把鈔票，帕慕克形容，那些錢讓他的父親和伯父經歷好幾次的經商失敗和家族分產，仍舊能無後顧之憂地生活。

他中學時就讀的羅伯特學院，專門為伊斯坦堡的權貴子弟提供非傳統非宗教的西式教育。之後依照長輩的意思，到伊斯坦堡科技大學念建築系，然而他卻沒有任何想繼承家族事業的意願，最終輟學了。

他七歲的時候就夢想長大後要當畫家，繪圖的熱情卻在就讀建築系時，面對一次次的趕工製圖而被消磨掉，看到那些慘白的紙，令他害怕而心悸。加上媽媽對於畫家這「不切實際的職業」的反對，更讓帕慕克心灰意冷。

## 讓土耳其人又愛又恨的作家

二十二歲時，他開始將從前對圖像的熱情轉化為文字，開啟了小說創作的生涯。

一九八二年，他的第一本小說《謝福得先生父子》（*Cevdet Bey ve Oğulları*）因八〇年的軍事政變擱置後終於出版。接著幾年間，陸續寫了《寂靜的房子》（*Sessiz Ev*）、探討身分認同的歷史小說《白色城堡》（*Beyaz Kale*）、推理懸疑小說《黑色之書》（*Kara Kitap*）等，不管在土耳其或國際間都受到關注。

一九九七年，《新人生》（*Yeni Hayat*）的出版在土耳其造成一股熱潮，成為土耳其出版史上銷售最快的書，使他躍升為土耳其最受歡迎的作家。

一九九八年，結合推理、繪畫、歷史的小說《我的名字叫紅》（*Benim Adım Kırmızı*）問世，書中對於土耳其細密畫（miniature）深刻的描述與文化認同的探討，奠定了帕慕克在國際文壇的地位。

二〇〇四年，他的第一本政治小說《雪》（*Kar*）出版，以一個流亡德國的詩人及複雜的角色，探討伊斯蘭文化與西方文化衝擊等議題的觀察。

二〇〇九年，長篇愛情小說《純真博物館》（*Masumiyet Müzesi*）出版，帕慕克根據故事內容，在伊斯坦堡打造一座同名的博物館，是土耳其第一間以文學為主題建造的博物館。

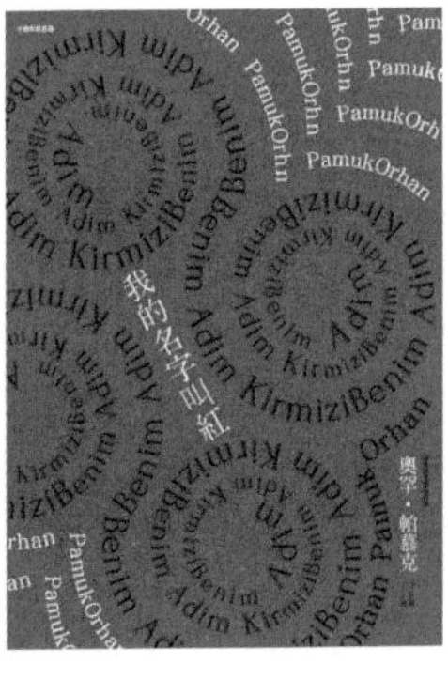


帕慕克作品集書影。（麥田出版 提供）

帕慕克的小說主題多元，從推理、懸疑、政治、家族到歷史都有，而唯一不變的，是他對於每個時代背景下的土耳其，以及生活在那裡的人們生動且鉅細靡遺的描繪。

除了小說內容的隱喻和想像，帕慕克身為一個東、西文化交會城市的作家，明確地展露出他擅長處理文化衝突議題的獨特性。也因此，我們總能從他的人物對話或場景安排，明顯地感受到這個特質。帕慕克善於透過伊斯坦堡上流階級的富人生活（也是他年輕時的寫照），來凸顯這個國家的龐大差異。

土耳其人對他又愛又恨，愛的是，他將土耳其這個國家和遭受到的文化衝擊描寫得如此真實生動，而恨的那一部分也是因為如此。有人質疑，他之所以得到國際的關注和愛戴，是因為消費了土耳其的混亂和矛盾，把這些備受國際矚目的問題包裝在小說內，博取西方國家的認同。

不過，這也確實是他的作品受到青睞的原因，因為他筆下的「真」，以及他用人物角色和細膩描述，重新詮釋東、西方的文化衝突、身分認同、社會矛盾的方式。

## 愛入膏肓的男子自白

隨著帕慕克在國際文壇愈來愈出名，他所遭受的爭議也愈受關注。二〇〇五年，他接受瑞士媒體訪問，提到土耳其時說道：「三萬名庫德族人和百萬名亞美尼亞人在這片土地上遭到殺害，而除了我以外，沒有人敢談論。」

此番言論受到土耳其國內媒體和官方的強烈譴責，認為他破壞了土耳其在國際上的形象。土耳其官方至今仍舊否認一九一五年發生的亞美尼亞大屠殺是他們的責任，而庫德族問題在今日一直是國內衝突的導火線。

帕慕克因為自己的言論，在同年被土耳其法院以「公然毀謗土耳其」起訴，檢察官要求對他求刑三年。開始有憤慨的民眾焚燒他的書。他又提到，土耳其的作家或記者，時常因為寫了些什麼而入獄服刑，或浪費時間跑法院，自己也被朋友調侃：這次事件後，終於是「貨真價實的土耳其作家」了。

土耳其作家本來就不為台灣讀者所熟悉，帕慕克頂著諾貝爾獎的光環，做為土耳其文學走向世界的第一座橋樑，也不是那麼輕鬆寫意。

起先我對帕慕克這位作家沒有太多印象，直到大學接觸了土耳其文化，而他得獎後作品在台灣被大力推崇，才看了《純真博物館》。這是我讀的第一本帕慕克作品。相較於早先的作品如《我的名字叫紅》、《雪》設定的背景與議題較為複雜，時而艱澀難懂；《純真博物館》是較容易入門、以愛情故事為基的作品。

我很佩服帕慕克細膩的描摹功力。我不可能到過七〇年代的伊斯坦堡，但在他筆下，那些街景與人物透過文字的想像，栩栩如生地展現在眼前。那個年代，伊斯坦堡仍在西化之路上載浮載沉，始終擺脫不了傳統伊斯蘭價值觀的束縛。我們可以想像，一切試圖模仿西方模式運作的社會，在主角追求愛情的故事情節裡，對於貞潔、道德等議題躊躇不決的情景。

然而，我會說「佩服」而不是「喜歡」，是因為帕慕克這部小說以第一人稱描寫的男主角，在許多時刻長達十幾頁的自省內容，糾結於個人內心的小劇場，一種對於愛情近乎病態般的妄想和喃喃自語。我感到佩服，因為這非常貼切地詮釋了《純真博物館》的副標題——獻給所有曾經被愛情撕扯得體無完膚的凡夫俗子。表面上這部作品也許是一個愛入膏肓的男子的自白，但令人著迷的卻是時代背景下，伊斯坦堡人民對於愛情在道德、心境上衝突的深刻描寫。

## 歡迎來到純真博物館

現實生活中的純真博物館（Masumiyet Müzesi），就蓋在伊斯坦堡貝奧盧區的古董街上，距離我住的公寓僅不到五十公尺。這個奇妙的緣分，使我訝異不已——我看的第一本土耳其（帕慕克）小說，我對伊斯坦堡的第一印象，便是來自《純真博物館》，而以它為概念打造的博物館，就位在我待了十個月的住家旁邊。

那棟屋齡超過一百二十年的鄂圖曼式老建築，被漆成低調的酒紅色，若不仔細看，很難發現這裡是一處博物館。帕慕克在創作小說時，就有把內容搬出書本、打造成博物館的想法。他在訪談中提到，兩者幾乎是同時進行的，內心仍舊藏著一位藝術家的他，甚至親手繪畫設計圖，並規劃整棟博物館的展覽方式。

這座三層樓高的建築裡包含了八十三個展區，分別代表著小說裡的八十三個章節。

一進門，便看到一大片釘滿四千二百一十三個菸蒂的展牆，記錄著每一根菸在小說場景裡所代表的心境和主角的痴狂。展區的內容物，如梳子、衣服、老照片、舊新聞報紙等，都和故事裡男女主角生活的七〇年代伊斯坦堡如出一轍。這些東西是在附近的古董店裡尋覓得來的，為的就是忠實呈現懷舊氛圍。

其中一個展覽櫃，擺了張泛黃的新城區地圖，上面用紅筆特別標出一塊區域，寫著：「禁止靠近這些地方，那是芙頌（女主角）常出沒的街區。」是男主角在失去愛人後，極其頹喪的心情寫照之一。

帕慕克不僅將這座純真博物館打造成為書迷的空間，也希望藉由文學創作，帶領世人了解那個時代伊斯坦堡最真實的樣貌。他說，隱藏在大城市巷弄裡的小博物館，或許可以比羅浮宮更有吸引力，因為展現的是當地普遍性的日常生活。

酒紅色磚牆的純真博物館，隱身在鄂圖曼式的老建築裡。（王紀友 攝）

釘滿四千多個菸蒂的展牆，記錄著每一根菸在小說場景裡所代表的心境和主角的痴狂。（魏宗琳 攝）

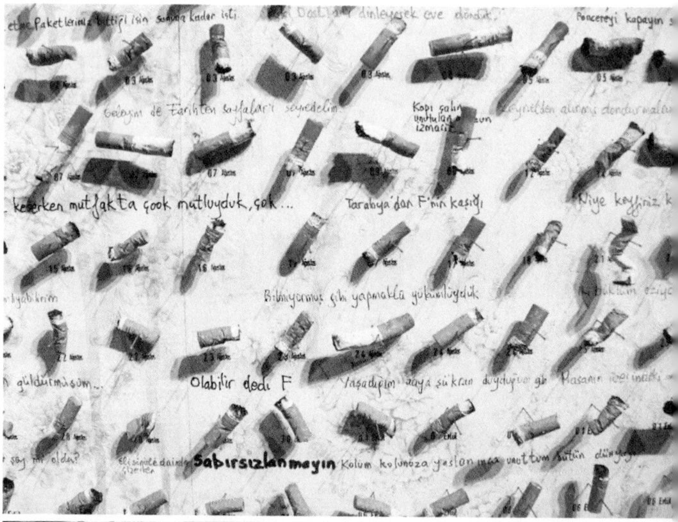

七〇年代老照片。（魏宗琳 攝）

「純真」，代表的可以是像小說中對於愛人迷戀到蒐集她所用過一切物品的痴，或許也多多少少反映了帕慕克那顆嚮往孤獨的單純之心。

他在訪問中提到，身為一個土耳其作家，一旦有了國際知名度，國際間便會強調你的土耳其身分，而這樣的身分很容易變成政治的操弄對象。如今土耳其人不再關注自己的小說寫了什麼、寫得好不好，他們更擔心的是土耳其在國際間的形象。甚至很多沒看過書的人、不了解他的人，只透過媒體得知消息，擔心他又對外界說了土耳其什麼話。

我從家裡的窗台望出去，時常能看到古董街上零散的觀光客，許多人手上就拿著他那本《純真博物館》，要用書裡所附的票券入場。帕慕克的立場與言論，或許在土耳其國內爭議不斷，但對於置身事外的外國人（無論東、西方）來說，他代表的是透過文學認識土耳其的一個門戶，打開外人窺探這個巨變中國家的一扇窗。

## 進入土耳其想像世界的一張門票

我想起帕慕克在隨筆《別樣的色彩》（*Öteki Renkler*）中，談起他對閱讀書本的理想：「閱讀，就是把文字轉化成自己內心的電影版本。當我們看書看到一半，也許會抬起頭來讓眼睛休息一下，目光也許落在牆上的一幅畫、窗外的景色或更遠的景象，但這些事物卻沒有進入心思，因為我們還在忙著將書中的想像世界化為影像。要看到作者的想像世界，從另外那個世界找到快樂，就得運用自己的想像力。當一本書讓我們自覺不只是一個想像世界的旁觀者，也堪稱是它的創造者，它便讓我們享受到創作者與世隔絕的莫大快樂。也正是這『與世隔絕的莫大快樂』，讓閱讀書本、閱讀偉大文學著作，對所有人都深具吸引力，對作家而言更是無比重要。」

純真，是用想像力去體會閱讀帶來的單純快樂。

那張夾在小說裡的入場券，是帕慕克邀請所有讀者來到伊斯坦堡，進入土耳其想像世界的一張門票。

# 街頭遊走：茶與咖啡

土耳其料理雖被稱為世界三大菜系之一，但若每天吃烤肉和麵包，對於習慣亞洲食物的我實在承受不了。所以我還是習慣去超市買材料，回公寓自己煮中餐吃。

還有一個原因，就是物價高。住宅區附近能坐下來吃飯的小餐廳，一樣餐點至少都十里拉（一百二十元台幣）起跳，若加上飲料或小菜，差不多就要兩百台幣一餐。

公寓附近有兩家超市，一家是外資的大型連鎖店，另一家是本地人開的雜貨店，我幾乎每天都往這兩家超市報到。連鎖店的東西比較多而且便宜，但收銀人員總以一副欠你幾百萬的臉孔面對顧客。而雜貨店的老闆總是親切地跟我打招呼，偶爾還會去掉結帳的零頭，買完東西離開時，他會面帶微笑地把右手貼在胸前說：「祝你有個美好的一天。」

沿著雜貨店後方的階梯往下，會經過一家我常駐足的茶店，裡面設有撞球桌、專門看足球賽的電視，還有幾張方桌供人下棋打牌。下午時分，店內傳來陣陣骰子聲和撞球碰撞的清脆聲響。到了晚上若有比賽，一大群男人就會在電視機前歡聲吶喊。

這是我回家必經的一條路，服務生阿里即使店內再忙，見到我經過總是開心地揮手。

「今天不來一杯茶嗎？」阿里從店內向我吆喝。

我常駐足的茶館兼撞球館，很有鄂圖曼時期的懷舊氛圍。

「不了，改天吧，我先回家煮飯。」我在外頭回答。他微笑致意，逕自去忙了。

麥特每天待在自己臥房旁的工作檯趕案子，還有他的合夥同事圖爾克。兩人是大學同系的同學兼室友。圖爾克比較年長，二十八歲。通常我們會一起吃飯，食材費平分，我負責煮台灣料理，他們洗碗。

每每餐後飽足，接下來一定有人提議：「那麼喝杯茶吧。」

## 世界第一會喝茶的民族

這是土耳其人的習慣。不管男女老少，早餐一杯，工作時一杯，午餐後一杯，下午工作當然也要來個一兩杯，晚餐後一杯，有人甚至睡前閱讀時再一杯。土耳其人是名副其實世界第一會喝茶的民族，平均每人每年消耗七．五四公斤的茶葉。第二名的摩洛哥消耗四．三四公斤。茶文化的發源地中國只位居第三十三，平均每人每年才消耗〇．八二公斤，遠遠被拋在後頭。

土耳其人為什麼這麼愛喝茶？卻也不是土耳其茶特別好喝，更不是這裡的人都過度的咖啡因上癮。若是你在路上隨便抓個土耳其人來問，我想八成他會給你個很詩意的答案：「可能為了單純的喝茶樂趣吧。」土耳其語稱做「Çay keyfi」。

很多事情就這樣沒有原因地持續不斷進行。就像這裡的吸菸人口之密集，整個城市都是他們的吸菸室。當我問他們為什麼抽菸？土耳其人總是聳聳肩說：「因為沒事做吧。」或者：「為了抽菸的樂趣。」（Sigara keyfi.）

土耳其雖然是世界第一會喝茶的國家，但他們開始喝茶的時間卻相對的晚。早先，土耳其人算是喝咖啡的始祖之一，咖啡其實才是土耳其民族最主要的生活飲品。十九世紀初，由於鄂圖曼帝國的國力衰微，領土大幅縮減，原是帝國境內的非洲和阿拉伯等咖啡產地，不再在鄂圖曼帝國的控制下，運輸過來的咖啡豆價格自然高漲許多，政府只好提倡同樣是攝取咖啡因的喝茶習慣。

土耳其人喝的是國內自產的紅茶，主要來自東北部黑海一帶，尤其是里澤（Rize）的茶葉名氣特別響亮。台灣茶依照發酵程度，種類多樣，且大都保留完整的茶葉，沖下熱水讓葉體完全抒展而取得茶味。土耳其茶則是一種深度發酵的茶葉，剁碎成像茶包裡的那種碎屑狀，以增加表面積，一次的用量都非常大，濃度也非常高。

土耳其紅茶是用一種上下分層設計的子母壺來沖泡，大量把茶葉灑進上層體積較小的子壺，沖入熱水，底層體積較大的母壺一樣倒入開水，放在火爐上持續加熱。靜置約五分鐘，就可以分別取下子母壺，先在土耳其特有的鬱金香杯倒入子壺中的濃茶，

上下分層設計的子母壺和鬱金香杯。（王紀友 攝）

再依照個人喜好，加入母壺中的白開水調和濃度。

土耳其人會用「兔子的血」（tavşan kanı）來形容紅茶被調和的美麗色澤。一般的店家會在置杯的小碟子上附上兩顆方糖，丟進去用湯匙攪拌，發出清脆響亮的敲擊聲，是土耳其「Çay keyfi」的標準程序。

在喝茶的過程中，子母壺是持續在火爐上加熱的，就算是攝氏三十五度萬里無雲的大熱天，土耳其人還是習慣手持著小巧可愛的鬱金香杯，小心翼翼地啜著滾燙的紅茶。「鬱金香杯」（ince belli bardağı）之名，顧名思義是從外形而來，杯身中段凹下去的曲線，讓杯體就像含苞待放的鬱金香花苞。

## 誤打誤撞的聰明設計——鬱金香杯

十九世紀歐洲工業革命帶動各項產業的發展，土耳其也隨著潮流引入玻璃工業，但當時的鄂圖曼帝國國力衰微，大家都過著節儉刻苦的日子。伊斯坦堡的一家玻璃工廠為了節省成本，做出這種玻璃薄度僅不到零點五釐米，去掉杯腳和把手的透明小茶杯。然而少了把手，為了讓使用上更方便，就把杯口直徑加大，杯

土耳其紅茶有如「兔子的血」般的美麗色澤，盛在如鬱金香花苞曲線的杯子裡，是最道地的土耳其飲品。

身中段縮小。杯子弧度加大後，拿取時只消把拇指和食指輕輕叩在杯緣就可以握住。

愛喝熱茶的土耳其人後來發現，這樣的設計竟然誤打誤撞出科學的原理。首先，由子壺沖下的滾燙熱茶，大約會加到三分之一的高度，也就是杯身中段最窄的地方，加入開水調和後，因為杯身的形狀，熱循環會持續在底部作用，形成了保溫的效果。杯子上層的大開口則幫助加速散熱，所以上半部的茶明顯沒這麼燙；而開口直徑大的杯緣對使用者來說也較好入口，不容易被燙到。

這就是為什麼土耳其的一杯茶就算喝很久，到後來底部的茶多少還是有餘溫的緣故。

我問學產品設計的麥特和圖爾克，是誰這麼聰明發明這杯子的？他們卻說沒有人知道，在一百多年前，工廠只是為了省錢而開發出這種形狀，到後來有人做研究，才發現鬱金香杯有這樣上層散熱、下層保溫的雙重效果。

既然不知道是誰發明的聰明設計，當然也沒有專利。

二〇一四年，美國一家威士忌公司發表了一項重大聲明：「經過我們多年來的研究，終於研發出世界上最完美的威士忌杯子。」而這個杯子完完全全就是土耳其出產的鬱金香杯。

這間公司在聲明中說，一般品嚐威士忌的時候，「聞香」是其中的關鍵之一，但超過四三％酒精濃度的酒，通常因為太強烈而無法有精確的嗅覺，所以在品酒時總得準備許多不同形狀的杯子。

鬱金香杯上層散熱、下層保溫的雙重效果，竟是為了省錢發明出來的。

鬱金香杯的曲線，根據壓力和汽化的原理，可以讓威士忌的香氣持續保留在底層，少數香氣粒子會集中從中間散發出來，酒精則因為杯緣的大開口從兩側慢慢揮發，因此不會太濃。使用這種酒杯，同時可以聞香，也可以品酒，實在是一石二鳥的選擇。

許多土耳其人看到這項發明簡直啞口無言，說這些美國人沒來過土耳其喝茶也就算了，竟還這樣偷走他們用了一百多年的茶杯設計。在這項發明宣布後的二十四小時內，這間公司發現了土耳其人的憤怒，在官網上改「發明」為「發現」，並草草附註「土耳其設計」的字樣。

到底是鬱金香杯的出現，影響了土耳其人喝熱茶的習慣？還是因為愛喝熱茶，促成了杯子的設計？我們無從得知。但能確定的是，擁有特殊功能的鬱金香杯，在土耳其的喝茶文化中扮演極重要的角色——可以很慢地喝一杯茶。

坦白說，土耳其茶由於過濃的苦澀茶味，相較於台灣茶的確有不及之處，但卻有種讓人上癮的魔力。或許是悠閒的環境使然，又或者看到大街小巷的露天座位上，人手一杯話家常的景象，腦中就會不自覺地想著：「不然來杯茶吧。」

## 伊斯坦堡的後花園——亞洲岸

伊斯坦堡的街道不好走，整座城市以七座山丘為基，高低起伏大，又多是崎嶇不平的石頭路面，尤其是歐洲岸，腳踏車在這裡幾乎沒有用武之地。在如此條件下，於是著名的獨立大街頭尾兩端，各自有地下纜車系統來解決短距離的爬坡需求。

伊斯坦堡市內目前有五條地鐵線、兩條輕軌，以及一條Metrobus線，總長約一百三十六公里的鐵軌系統。其中包含一條在二〇一三年十月才通車，橫跨歐亞大陸的海底地鐵——Marmaray。

這段地鐵由日本財團和土耳其政府共同出資，建造期間還因為挖到拜占庭時期的古文物而延誤進度。這條新地鐵也實現了一百五十年前，由蘇丹阿卜杜勒·邁吉德（Abdül Mecid）首次提出的橫跨歐亞兩洲的鐵路願望，從歐洲岸的希爾克濟（Sirkeci）站到亞洲岸的于斯屈爾達（Üsküdar）站，只要短短四分鐘。

通勤用路面電車，可連接新城區與舊城區。

海底地鐵通車後，除了大幅縮短往返歐亞兩岸的時間外，也舒緩了伊斯坦堡龐大的交通量。不過，對於慢活型態的土耳其人來說，搭渡輪好像成了習慣。花二十分鐘的航程在船上吹吹海風、餵餵海鷗、喝杯熱紅茶，並欣賞清真寺尖塔、紅磚瓦屋和現代摩天大樓構成的奇特天際線，一路搖搖晃晃地橫渡博斯普魯斯海峽。不趕時間的話，我想多數人還是會選擇海路。

伊斯坦堡人總會以：「我要到對面去了。」或：「我從對面來。」這樣的輕鬆語調，來形容在短時間內橫跨歐亞兩大洲的壯舉。

伊斯坦堡的亞洲岸可說是當地人的後花園，當歐洲岸因為古蹟而充斥著觀光客時，跨過博斯普魯斯海峽來到亞洲岸，車流量相對少了，居民較為單純，店家也不像歐洲岸那樣因為觀光客而過度商業化或抬高價格。還有一個重要原因，可能是這兒地形平

在船上吹海風、餵海鷗，還可欣賞清真寺尖塔、紅磚瓦屋和現代摩天大樓構成的奇特天際線。

往返伊斯坦堡歐亞兩岸，對於慢活型態的土耳其人來說，搭渡輪是最愜意的方式。

坦，可以輕鬆騎腳踏車。

有些伊斯坦堡人喜歡住在生活清幽的亞洲岸，上學或上班則通勤到歐洲岸。我在找房子的時候，也曾幻想過這樣的生活模式：「嘿！我住在亞洲，可是我天天搭船去歐洲上學喔。」可惜亞洲岸交通方便的社區，房租都是超乎想像的高。

所以有時候悶了，想逃離人群時，我喜歡搭渡輪到「對面」去晃晃。

從亞洲岸的卡德寇伊（Kadıköy）碼頭延伸至莫達（Moda）高級住宅區岸邊的區域，是這裡的精華地段。身為外國人的我，漫步在這裡比歐洲岸自在得多，路人不會隨意對你無意義地叫囂，走進商店或餐廳，店員都是輕鬆自然地招呼。對於出現在非觀光區的外國面孔，他們好像把你當做自己人看待，有一種「會出現在這裡，應該就是在這裡生活的朋友吧」的態度。

離碼頭不遠的街區上，除了有露天市場，也有許多傳統的咖啡店和茶館。在咖啡店外頭，店員站在充滿炭火烤爐的小亭子後方，掌控勺型煮具（cezve）中土耳其咖啡的火候。

亞洲區生活清幽，對外國人也更自然對待。

## 從咖啡大廚到頒布禁令——咖啡，讓土耳其著迷

土耳其咖啡和我們一般喝的義式或美式咖啡非常不同。在特殊勺型的cevze中，加入磨成細小粉末的咖啡粉，倒入和咖啡杯容量相等的水量，在爐火中煮滾，依照喜好加入糖，等待泡沫產生後，便可將咖啡泡沫倒入咖啡杯中，持續煮滾，等待第二次的泡沫形成後加入杯中，就完成了香濃的土耳其咖啡。

土耳其咖啡不濾渣，因此口感綿密，咖啡味較重，喝完後杯底還會留下咖啡渣。通常都會搭配一杯白開水，可在喝前清清喉嚨，或是喝完咖啡漱漱口。

第一次見到土耳其咖啡這種煮法與喝法時，本以為是為了觀光興起而產生的花招噱頭。但事實上，土耳其民族在四百多年前就是這樣喝咖啡的；而且咖啡這項飲品，也是經由他們的手傳播至歐洲大陸。

咖啡豆於十一世紀在東非的衣索匹亞被發現後，有人將它研磨加至水中煮，當時的人

土耳其咖啡特有的勺型煮具。（高珮倫 攝）

們發現，喝了咖啡竟然有神奇的提神功效，便迅速在周遭國家傳開。十四世紀中葉，咖啡豆跨過紅海，來到阿拉伯半島上的葉門。葉門的土壤與氣候相當適合種植咖啡，因此喝咖啡的習慣也在當地漸漸盛行起來。

一五五五年，當時的葉門臣屬於領土廣大的鄂圖曼土耳其帝國，愛喝咖啡的葉門省長遂把這項神奇的飲品介紹給蘇萊曼大帝（Suleiman the Magnificent）。在伊斯坦堡的皇宮裡，土耳其人把咖啡豆在鍋中炒焦，磨成粉後，以慢火在鍋具中加入水燉煮，散發出迷人香氣和綿密泡沫，蘇丹和皇宮裡的大臣們也深深愛上這滋味。

從此之後，皇宮中就多了個「咖

土耳其人曾因太愛喝咖啡而被下禁令，理由是「人們都泡在咖啡館裡，清真寺都空蕩蕩的」。

啡大廚」的職位，專門為蘇丹和大臣們煮咖啡，並且在外賓來訪時向他們展示這美妙的新飲品。貼身在達官顯要身邊做事，總會聽到許多機密，有些咖啡大廚藉此展現自己的忠心和保守秘密的能力，一路升官，成為皇宮裡的紅人。

與此同時，喝咖啡的習慣漸漸不只是貴族享有的權利，而走入庶民生活當中，有人開始向商人買咖啡原豆，在自家的鍋中翻炒，並在cevze中燉煮。不過，讓咖啡這項飲品在鄂圖曼土耳其境內廣為流傳，無疑是咖啡館如雨後春筍般出現在城市各個角落的功勞。

一五五五年，兩位來自敘利亞北部的咖啡商人，在伊斯坦堡的塔赫塔卡萊（Tahtakale）開設了第一家咖啡館。當其他商人紛紛仿效、廣設咖啡館後，這些咖啡館的功能不再只是攝取咖啡因了，人們在這裡聚會聊天、下棋、談生意，到後來甚至開始談論政治。咖啡館儼然變成人民生活社交的場合。

蘇丹穆拉德四世（Murad IV）在一六二三年掌權後，為了了解人民的心聲（其實是整肅異己分子），時常微服私訪城市各角落，發現人們都在咖啡館內喝咖啡、抽水菸，還高談闊論地批評政府和蘇丹的墮落，於是他頒布了禁止咖啡、菸和酒的命令，也不准咖啡館營業。

禁令頒布之後，人們還是照喝咖啡、照上咖啡館，可見咖啡對當時人民的生活影響力之大。

穆拉德四世下令，第一次被抓到施以棍刑警告，第二次被抓到，就把人裝進大型皮革袋綁緊後丟到河裡。到了後期，人們還是罰不怕，他甚至帶著護衛和長刀到街上巡視，直接斬首那些不遵守禁令的群眾，殺雞儆猴。

他的理由是：「人們都泡在咖啡館裡，所以清真寺都空蕩蕩的。」當時的土耳其人民群起憤慨，反對蘇丹這項做法。怕激昂的抗議演變成革命或反叛行為，穆拉德四世只好解除這項禁令。

## 維也納第一家咖啡館

當咖啡的魔力讓土耳其人神魂顛倒時，歐洲卻才正要開始認識它。這要歸功於威尼斯共和國和鄂圖曼帝國領地間的活絡貿易。

威尼斯商人發現在土耳其境內，人們天天都在喝這個深棕色的飲料，因而大量引進國內，因貿易而富裕的威尼斯人也對咖啡開始上癮。然而由於稀有，喝咖啡對於當時的威尼斯人來說還是昂貴的消費行為。一六四五年，歐洲第一家咖啡館在威尼斯誕生，這也是歐洲人第一次接觸到咖啡。

不過，咖啡真正深入歐洲大陸的歷史事件，除了一六五七年，穆罕默德四世派遣使者送給法王路易十四做為雙方友好的賀禮之外；最著名的，莫過於鄂圖曼帝國軍隊在奧地利的「第二次維也納戰役」中的潰敗。

土耳其軍隊在擴張帝國版圖的西進政策下，持續向歐洲大陸進攻。一六八三年，第二次圍攻奧地利首都維也納失利，倉皇撤離時除了留下武器、補給品等軍需外，還包括一整隊的駱駝——載滿了五百袋還未烘焙的咖啡豆。維也納的軍官原以為那只是駱駝的飼料，正要把它們如同垃圾般處理掉，軍中一位曾經在土耳其居住的波蘭裔間諜法蘭茲．柯希斯基（Franciszek Kulczycki）卻把這五百袋的豆子要走，做為打探消息、幫助維也納贏得勝利的獎賞。

柯希斯基深知這些咖啡豆在鄂圖曼帝國內的價值，以及它們如何創造價值的方法。他在維也納市中心開了第一家咖啡館，並穿著土耳其的傳統服飾端上咖啡給顧客，這個地方很快就成為維也納的熱門地點。除此之外，柯希斯基還發明了一項和土耳其人喝咖啡不一樣的創舉——加入牛奶。這很可能是歐洲人第一次將咖啡和牛奶混合在一起喝。而維也納咖啡館在香濃的咖啡旁同時送上一杯水的習慣，也可能是來自土耳其的影響。

柯希斯基成了奧地利另類的民族英雄，喝咖啡的習慣成功地在維也納人民間流傳開來，其他商人也紛紛仿效，成立貿易公司，引進土耳其的咖啡豆，然後開設咖啡館。世界知名的維也納咖啡品牌「茱莉曼尼」（Julius Meinl），也是在這樣的背景下成立的。一九二四年，這家公司邀請知名的藝術家約瑟夫．賓德（Josef Binder）設計logo：一個帶著象徵土耳其費士帽的男孩圖像。小男孩代表的是這家公司創新與活力的精神，而費士帽則是向意外留下咖啡豆的土耳其致敬。

每當在伊斯坦堡的街頭咖啡店招牌上，看到這個費士帽小男孩的圖像時，我總覺得很奇妙。鄂圖曼土耳其帝國將咖啡傳入歐洲大陸，幾百年後，咖啡的旅程又回到土耳其，改變了土耳其人喝咖啡的習慣。

## 咖啡占卜

雖然現在義式和美式咖啡在土耳其相當普及，不過傳統土耳其咖啡也未曾有被強勢文化吞食的跡象，不濾渣的土耳其咖啡還是土耳其人日常的生活飲品。除了長久以來的飲食習慣外，土耳其著名的「咖啡占卜」也是其中一個原因。

喝咖啡自古以來在土耳其就是一項社交活動，土耳其咖啡不濾渣的特性，也讓愛八卦的土耳其民族從中獲取一些樂趣。喝完土耳其咖啡後，杯底總會留下一層厚厚的咖啡渣，將杯子反蓋在底盤上靜候冷卻，從杯裡和底盤的殘渣圖形中，可以讀出過去和未來的訊息。

解讀者會和被占卜者互動，女性多數都會詢問愛情、婚姻的事，而男性大多想解決生

喝完土耳其咖啡留下的厚厚咖啡渣，可以用來占卜。

活上的麻煩和尋求事業的發展。

其實大多數的土耳其人視咖啡占卜為一種朋友間拉近距離的方法，不一定要找專業的咖啡占卜師。有人說，太過於迷信可能會影響生活上的判斷力；也有人說，去算命只是聽自己想聽的正面訊息。無論如何，喝咖啡和占卜，自古至今都是人們心靈上的一種慰藉，土耳其人把這兩項巧妙地結合在一起。

有句詩是這麼說的：「咖啡和咖啡館都不是我們心靈上的渴望，朋友才是我們心中渴求的，而喝咖啡只是一個藉口。」

# 伊斯坦堡庶民小吃指南

## Köfteci Hüseyin：入口即化的肉丸子
### İstiklal Cad. Kurabiye Sok. No:14, Beyoğlu, İstanbul

在獨立大街旁的後巷，有一間我很常去的餐廳——胡賽因肉丸店，是間傳承到第二代、超過半世紀的老店。

店面僅有約十坪大，有別於那種為了招攬觀光客生意而過於浮誇華麗的鄂圖曼式內裝，這裡不管是廚房設備，或是店內裝潢擺設，充滿一種實用性的土式風格——白色的瓷磚牆壁、廉價的木製桌椅，和餐桌上的金屬鹽罐。老闆的父親在大約五十年前，在距離目前店面五十公尺左右的清真寺前，以推車的方式販賣，那時還是小男孩的他常常跟在推車旁幫忙。店裡正中間就掛著那時候的黑白照片。

進到店內，店員就會來問：要一份（六顆）還是一份半（九顆）？肉丸子的大小就和貢丸差不多大，對一般人來說，六顆的分量配上隨餐的麵包已經很足夠。帶點辛辣鹹味的肉丸放入嘴中，只要稍微咀嚼就立刻化開，肉

胡賽因肉丸店的白色瓷磚牆壁與牆上照片，顯現庶民的土式風格。

質極為軟嫩，沒有什麼擾人的雜質，幾乎感覺不到裡頭有剁碎的蒜末和香料，吃起來非常爽口。

喜歡更嗆辣口味的人，可以拌上隨盤附送的新鮮洋蔥絲；若覺得太鹹，就咬幾口牛番茄片，或是學學土耳其人，撕開麵包伴隨入口。如果再配上一杯酸奶（ayran），就是一餐道地又日常的土耳其小吃。

這家店除了星期一公休外，每天早上十一點開賣到售完為止，依我以往的經驗，若下午兩點以後才來報到，就只能看到員工清洗收店的身影了。我問老闆一天賣多少公斤？既然這麼早賣完，幹嘛不多做一點？他說，一天只賣四十公斤，這肉丸子需要上好的牛肉特定部位，加入香料揉打製成，算是費時費工的一道料理，所以只能限量發售。

## şampiyon Kokoreç：羊腸麵包、淡菜鑲飯

**İstikal Caddesi, Sahne Sokak, No 3, Nevizade, Beyoğlu, İstanbul**

這家「冠軍羊腸」同樣位在獨立大街延伸出去的巷弄間，就在著名的「魚市場」（Balık Pasajı）入口處。kokoreç就是羊腸，土耳其人的料理方式，是將腸子串在鐵桿上，有點像烤乳豬，不停轉動鐵桿讓它均勻受熱；待腸子烤熟之後，在鐵板上剁碎，加入紅椒、青辣椒和香料拌炒，這時又有點像鐵板燒的步驟了。

kokoreç有兩種吃法，一種是將炒好的羊腸夾在法式麵包裡當漢堡吃，另一種是直接裝盤，配上隨餐的沙拉、薯條和麵包片吃。我本來就不是怕吃內臟的人，但剛到土耳其時，因為衛生疑慮都沒有去嘗試，後來放膽吃了之後便從此愛上，也顧不得店家的處理方式乾不乾淨了。

我個人比較偏好夾在麵包裡的吃法，剁碎的羊腸在香料和辣椒的調味下，完全沒有羊腥味，彈牙的口感和微微的炭火香，簡直和酥脆的麵包是完美搭配。

這家店（應該說所有賣羊腸的餐廳）也兼賣一道和羊腸八竿子打不著的料理——淡菜鑲飯（midye dolma）。淡菜是「貽貝」的俗稱，馬祖的淡菜料理也很有名，不過一般都是單吃。土耳其人會把用洋蔥高湯燉煮後的米飯，填入蒸熟的淡菜貝殼裡，這是

淡菜鑲飯也是街頭小吃，代表土耳其的「立吞文化」。

土耳其淡菜鑲飯，將一半貝殼當作湯匙挖著吃，是道地吃法。

我最喜歡的一道土耳其海鮮料理。

不過這道菜的吃法倒有些學問，不然可是會狼狽不堪。就是要徒手把淡菜的貝殼分成兩半，一半當作湯匙，插在米飯和貝肉之下，挑起來送入嘴中。若不會吃，告訴店家一聲，他們會很樂意示範給你看的。

淡菜鑲飯也是街頭小吃，在熱鬧的街區上，常常可見年輕人架著一個大盤子，就做起生意來。根據淡菜的大小而價格不同，當地人會站在路邊，在大盤子裡密密麻麻的淡菜中挑選中意的，小販一一處理後就遞給你，儘管送入口中就對了。土耳其也是有自己的「立呑文化」。

當你在馬路邊看見架高著大鐵盤，賣著油亮亮、看起來像黑色石頭的攤販，別懷疑，那就是美味的淡菜鑲飯。

### Lades Menemen：炒蛋料理
### Sadri Alışık Sok. No:14 Beyoğlu, İstanbul

menemen是土耳其特有的炒蛋料理，這家「Lades Menemen」也是伊斯坦堡的老字號餐廳，曾經被評選為伊斯坦堡最美味的十家炒蛋餐廳之一。

我也曾想過，炒蛋有什麼了不起？但來這裡吃過一次之後，我幾乎每個週末的早餐時光，都在這裡度過。

這家餐廳的特色之一，就是炒蛋的口味眾多：清炒蛋、土耳其臘腸炒蛋、生醃肉炒蛋、起司炒蛋、肉塊炒蛋、雞肉絲炒蛋，和牛絞肉炒蛋。所有的炒蛋基底，都是番茄和青辣椒，而且是用「鐵鍋」裝。廚師會用大火將蛋汁和你所選的配料在鍋中快速攪拌，最後的成品看起來是半熟的金黃糊狀，卻沒有生蛋的腥味，只吃全熟蛋的人也能接受。

我最常點的是土耳其臘腸炒蛋（sucuklu）和生醃肉炒蛋（pasturmalı），這兩種口味都偏重。土耳其臘腸（sucuk）有特殊的辛香味，非常下飯，而生醃肉（pasturma）非常鹹但帶有酒香，兩者都恰當地點綴糊泥狀的清爽炒蛋。道地的吃法是將隨餐附送的麵包撕成小塊，直接沾蛋汁和配料吃。在店裡，你會觀察到顧客靈巧地用麵包當餐具，把鐵鍋裡的蛋汁沾得一滴不剩。

這裡可不只有炒蛋好吃，店家的雞湯也非常清爽，他們會在湯底加入一點番茄泥，非常開胃。也因為土耳其的雞湯裡都會加一些碎麵條，也有人配麵包，把它當成一道正餐。

## Beyaz Lokantası：土式自助餐

**İstiklal Caddesi, İmam Adnan Sokak, No 10, Beyoğlu, İstanbul**

每當對吃什麼拿不定主意時，我第一個便想到這家位於獨立大街旁巷子內的人氣自助餐店，裡頭的菜色五花八門，想吃什麼幾乎都找得到。點菜方式和台式自助餐有異曲同工之妙，在窗台前看到中意的菜色就指給師傅看，只不過分量都會很多。

一進門，各式各樣的烤肉種類便映入眼簾：雞肉串、牛排、牛肉丸、雞腿排……。我最推薦的就是雞腿排（tavuk pirzola），不像雞肉串肉質容易柴，腿的部位帶點軟骨，油脂也比較多。跟烤肉師傅點完餐後，就可以繼續往前選餐，結帳時記得告知點了什麼肉並拿號碼牌。上排的餐點多是冷盤沙拉、酸奶麵、花椰菜沙拉、香菇沙拉等等。

而在琳瑯滿目的熟食區中，特別好吃的是茄子料理（imam bayıldı）和絞肉荷包蛋（kıymalı yumurta）。imam bayıldı若是直譯，叫做「伊瑪目都為之傾倒」。這道料理

土耳其自助餐店的概念，和台灣很相似。

土式自助餐琳瑯滿目的菜色。

是將橢圓形的茄子剖開，塞入剁碎的洋蔥和番茄在橄欖油中燉煮，口感非常滑嫩，簡單的調味襯托出茄子的原味。

kıymalı yumurta則是將碎肉、青椒、蒜頭等配料用橄欖油拌炒，最後趁熱打上一顆荷包蛋，頗有台灣肉燥飯的感覺，但橄欖油的調味讓它呈現更地中海的風味。兩道料理都非常下飯，也可搭配麵包享用。

自助餐店的絞肉荷包蛋，有地中海風味。

## Lale işkembecisi：羊雜湯

**Tarlabaşı Bulvarı No:13 Taksim / Beyoğlu, İstanbul**

這家二十四小時營業的羊雜湯專賣店，位在塔克辛廣場附近，一九六〇年開店至今已超過五十餘載，是許多老饕客的第一選擇。店內的服務生都是和藹可親的老先生。暖呼呼且重口味的羊雜湯有解酒的功效，許多在獨立大街附近的酒吧狂歡過後的人，便會到這裡喝碗湯、醒醒酒再回家。

這裡的羊雜湯（işkembe）有剁碎的羊胃、腸和心等內臟，有的店則會加入血管，喝的時候可以自行加入蒜瓣或大蒜汁調味。一般來說，土耳其的羊肉腥味非常重，但出乎我意料的是，這裡的羊雜湯完全沒有難聞的騷味，剁碎的內臟在蒜汁調味下反而有股清香，口感非常彈牙。湯頭的顏色是淡淡的乳白色，非常濃郁。

除了羊雜湯，這裡的羊血管湯（damar tuzlama）、羊腦湯（beyin çorbası）、羊頭和腿骨湯（kelle parça çorbası）都頗負盛名，可以一次滿足道地的羊下水湯文化。

呈現淡淡乳白色湯頭的羊雜湯，帶有蒜汁的濃郁口感。

## Hosta Lahmacun：碎肉薄餅

**Söğütlüçeşme Cd. No:4, 34714 Kadıköy, İstanbul**

Hosta是一間連鎖快餐店，有非常好吃的碎肉薄餅（lahmacun）。伊斯坦堡的兩家分店都在亞洲岸，搭乘渡輪到卡德寇伊往金牛雕像（Boğa Heykeli）方向，步行三分鐘左右，就會看到醒目的白底紅字招牌。

lahmacun又被稱為土耳其薄餅披薩，是中東常見的一道料理。用肉末、蔥末、西紅柿粒、孜然、香菜、胡椒粉和麵皮製成。剛出爐的薄餅厚度幾乎不到半公分，吃起來不會像披薩有太重的麵皮味，細碎的配料也不會過於搶戲，吃完口齒留香。一片價格街頭時常看見芝麻圈（simit）小販，有推車和考驗「頂上功夫」的販賣方式。吃起來雖然有些乾，但會愈啃愈帶勁，而滿滿的芝麻，搭配土耳其紅茶更是口齒留香。

橄欖是地中海周圍國家料理中常見的食材，土耳其料理也使用大量的橄欖油到醃漬橄欖。圖中的各式橄欖則因發酵程度不同而呈現多種顏色。

獨立大街上的烤栗子，是當地常見的小吃。

土耳其甜點店櫥窗裡的多種果仁蜜餅（baklava），擺得非常壯觀。

大約四十塊台幣而已，因為做得薄以保持口感，若要吃飽可能得多點幾個，算是平價美食。

### Dağoğlu börek & pide：酥皮麵餅和長形烤餅
### Ağa Hamam Sokak, No 4/B, Beyoğlu, İstanbul

這家「山之子」餅店的老闆留著濃厚的八字鬍，不苟言笑，總是在玻璃窗前靜靜切著一片又一片剛出爐的烤餅，與文青聚集的吉罕吉爾社區風格不謀而合。

börek有點類似鹹的千層酥餅，可以有馬鈴薯、絞肉、菠菜、起司口味的選擇。pide也可以說是長形的披薩，在餅皮中間挖洞填入配料，通常有起司香菇、絞肉蛋和焗烤土耳其臘腸等口味。

兩種料理都是最受歡迎的土耳其日常庶民小吃，常常看到在附近咖啡店工作的設計師，來到店裡用紙袋包著一兩片pide，就站在路邊啃了起來。有時一群人坐在行人道上的露天座位，吃餅配熱紅茶，抽菸聊天，一待就是一個下午。

第三部

# 美麗與哀愁

## 我在衝撞和矛盾的現場

土耳其在許多方面遊走在東方與西方文化的邊緣，
世俗主義和伊斯蘭保守主義也在國家運作中互相牽絆。
會不會長久以來，多元衝突帶來的不明確感，
讓土耳其的音樂旋律總是帶著那麼一絲悲傷的調性？

蓋齊公園抗爭事件。

# 兩個乞討男孩

如同所有的大城市，伊斯坦堡吸引了從世界各地湧入求學、工作、尋求更好的機會與生活的人們，組成了為數不小的人口。

也由於位在歐亞交界的特殊地理位置，除了土耳其本國人從東部偏鄉遠道而來外，北非的穆斯林國家，東歐如烏克蘭、羅馬尼亞等國家（大多是嫁來土耳其的年輕女生），以及中亞如亞塞拜然、土庫曼、哈薩克、吉爾吉斯，甚至遠至新疆（維吾爾）這些在血緣上同為土耳其民族的人們，也都因相似的語言或文化背景來到這裡。

我在語言班裡遇見的人，多是從這些國家來的。和他們交談後才發現，土耳其就像中亞地區的美國一樣，很多還未成年、或剛滿十八歲的年輕學子，高中畢業就來追尋他們的「土耳其夢」。

班上那位十八歲、來自土庫曼的男孩說，土耳其的生活品質和教育環境比較好，家人為了他的前途而舉家搬來伊斯坦堡。另一位也來自土庫曼的女孩說，她為了來伊斯坦堡念大學，先花一年時間學土耳其語，拿到高級證書後，才有資格考入學考。她說，土庫曼的大學根本學不到東西，學校的運作基本上是在空轉，學生甚至還得花許多時間打掃校園。

## 敘利亞難民帶來的難題

許多人為了追求更好的生活品質遠走他鄉，而有些人則是在不得已的情況下，必須離開熟悉的家園。在伊斯坦堡的街道上，隨時都能看見因為內戰或被伊斯蘭國侵襲的敘利亞難民。這些難民有的能自力更生，身強力壯的就推著大推車沿路收集回收物資賣錢，或到工廠當個領微薄薪資的黑工，沒辦法的人就只能在街頭乞討。

直到二〇一五年夏天，土耳其政府已經收容了將近兩百萬名的敘利亞難民，是中東地區接收難民人數最多的國家。隨著敘利亞地區的緊張情勢愈發嚴重，數字也持續攀升中。政府在靠近敘利亞的東南部邊境，設立了將近三十個大大小小的難民營，提供食宿、工作、孩童免費教育等基本需求。

土耳其總統艾爾多安（Recep Tayyip Erdoğan）曾表示，土耳其政府在處理敘利亞難民的事情上，花費超過四十五億美元，龐大的財務負擔讓政府負荷不了，希望聯合國和歐盟能伸出援手。土耳其民眾多數不反對接納敘利亞難民的政策，但當數字遠超過不管是財政還是

獨立大街上的乞討小孩，時常攀爬在移動中的電車上。

路邊販賣袖珍衛生紙的童工，出來幫忙貼補家用。（段雅馨 攝）

社會資源所能負擔的合理範圍，民眾便開始擔憂：愈來愈多的難民湧入，人口爆炸與複雜程度將造成社會的亂象。

「政府若餵得飽這些人的話，或許短期內沒有什麼問題發生，但當我們提供不了足夠的照顧時，這些難民就會流連在街頭乞討；但當乞討不到東西時，你不能保證他們不會闖入你家搶奪東西，甚至威脅到你的性命。人為了活下去，什麼事都做得出來的。」一位土耳其朋友這麼說，「這個情況還沒發生，但政府得想辦法避免，而不是為了博取歐盟的認同就肆無忌憚地接收難民。」

在街上乞討的，有時是婦女，她們抱著襁褓中的嬰兒蜷縮在街邊，口中唸唸有詞；有時是爸爸牽著應該到上學年紀的小孩子，穿梭在露天座位用餐的客人間，比著小孩的嘴巴要東西吃。大多數的人都不會正眼瞧他們一眼，自顧著與朋友聊天吃東西。我也曾看過好心的咖啡店老闆拿出鈔票給一個小孩，但他拿完錢後，就叫更多的同伴來拿。

人都有困難無助的時刻，看到這些不幸的人，我總會想舉手之勞拿一點零錢給他們，但又記得別人說過，只要你一給，他們就會利用你的同情心，沒完沒了地跟你要更多。為了不讓自己陷入窘境，每當看見他們，矛盾的情緒就不斷在我內心翻攪著。

## 第一次我給了兩塊里拉

那天早上，我在早餐店裡吃東西，一個捲髮小男孩敲了敲玻璃窗，想引起注意。我看了他一眼，他比了比嘴巴，要我拿麵包給他吃。我猶豫了一下但沒給他。在座的幾乎沒有一個客人抬起頭看，店家似乎也習以為常，也不趕他走，男孩的存在就像空氣一般。伊斯坦堡的街頭乞討現象已然見怪不怪，有些店家傾向讓客人自己決定。

徘徊了一會兒，沒要到任何東西的小男孩黯然離去。

之後我去附近的一家咖啡店，坐在戶外座位，面對著人來人往的街道，看著書，享受溫暖的冬陽。那個全身髒兮兮、留著捲髮的小男孩又無聲無息地出現在我面前，向我乞討。他操著一口阿拉伯口音、講不太標準的土耳其語，但和許多只會說阿拉伯語的敘利亞難民相比，似乎已能清楚溝通了。

這次跟他距離更近，也把他看得清楚了些。他膚色黝黑，身上有股長時間沒洗澡的臭味，穿著完全不合身、鬆垮垮的黑皮衣，想必是他撿來的；臉頰皮膚上有一些不均勻的色塊，不知是曬傷還是汙垢，眼神帶著點被環境所逼、受人咒罵卻必須生存下去而不得不散發出來的凶狠野性。看起來大概八、九歲。

我揮了揮手要他離開，還是沒給他任何東西。身為外國人，有時我會裝作聽不懂，他們只好悻悻然離去。那個男孩轉而向我鄰座的女生要錢。

「我剛才不是給過你了嗎？」那女生對男孩吼道。

「但是姊姊，那錢不夠我吃飯。」男孩似笑非笑地回答。

女生知道他是在耍賴，但還是說：「好，那你跟我來！」男孩一副得意的表情，三步併兩步地跟在那女生後面，離開咖啡店。

過了一會兒，那男孩手裡拿著一塊大餅，喜滋滋地站在對街的人行道吃著。這時，他身邊出現另一個年紀比他小一點的男孩，瘦小的身軀同樣被寬大不合身的骯髒外衣罩著。或許因為年紀小，乞討的歷練不多，小男孩的臉龐仍散發著溫和的稚氣。

年紀較長的捲髮男孩撕了一半的餅給他，兩人三兩下就吃光了。我坐在對街，假裝看書卻在觀察他們。我好奇他們是什麼關係，兄弟嗎？還是共患難的朋友？他們的父母在哪裡？他們為了跟人要錢、要東西吃，還會用什麼方法？

他們沿街看見人經過就伸手要錢，甚至趴在車陣中的計程車窗上拍打著，車子緩緩開走也還賴著，持續這樣的行為許久。到最後像是在鬧著玩，有機會的就裝可憐露出無辜表情，沒機會的就意思意思一下吆喝個兩聲。

我繼續看我的書，他們也繼續在這附近亂繞。年紀較小的男孩可能發現我在打量他，便晃到我面前來。

他指了指我放在對面椅子上的紙袋，那是朋友剛剛送我的土耳其軟糖，又比了比嘴巴，要我給他東西吃。我說我沒有，但他不肯走，站在我面前直愣愣地盯著我。我突然想到這兩個小孩分食一塊大餅的畫面，於是第一次，我掏出剛剛買東西找的兩塊里拉(台幣二十五元左右)遞給他，他面帶笑容地對我點點頭後離開。

正當我沉浸在「也許今天做了點好事」的愉悅心情時，捲髮男孩出現了。

「大哥，給我點錢吧！不然吃的也可以。」他對我說。

「我剛給過你朋友了。」我回答。

「所以也要給我啊！」他理直氣壯地說。

「這樣不行。」我說，「這樣永遠給不完。」雖然不知道為什麼，但我有預感他要有所動作了。

「那麼這袋裡的東西給我吃一點。」他指著我對面椅子上的袋子說。

我搖搖頭。他咧嘴而笑，露出兩排充滿黑垢的牙齒，直接把袋子拿起來假裝要閃人，想看看我的反應。

「你給我放下來，你拿走我也不會給你錢。」我開始變臉。他卻不講話，還是似笑非笑地看著我，腳步愈離愈遠。我當時有點著急，心裡掙扎著要去追他嗎？裡面就幾顆水果糖，值不了多少錢，對我來說沒什麼損失，但又不想就這樣被他摸走。去追他的話，一個東方人在嬉皮咖啡店前追著敘利亞的乞丐小男孩，大街上不好看。我就這樣瞪著他愈走愈遠，消失在轉角。

## 這樣的漠視，無理還是無奈？

五分鐘過後，那兩個男孩一起出現在我面前。大的拎著我的東西開心地傻笑，還繼續威脅我；小的則不知所措地站在一旁。

我對小男孩說：「叫他把東西放下。我不是給你錢了嗎？」

小男孩有點不好意思，但捲髮男孩說：「那你也給我錢，我就還你。」

「我不會給你，但你要放下我的袋子。」我轉向小男孩說：「我剛給你兩塊錢，你們這樣對我？不對吧？」

小男孩忽然覺得很羞愧，輕輕拉了兩下捲髮男孩的衣袖，叫他把東西還給我。結果他真的把袋子放回原位，我馬上拉過袋子放在我腳邊。

「這樣很無恥，你們知道嗎？」我罵他們。這兩個傢伙不以為然地跑掉了。

在東部城市埃爾祖魯姆（Erzurum）的一處觀光古蹟，當地小孩一直跟我們要錢。

坐我隔壁兩個講英語的外國人全程在旁邊看，不發一語。店員也在我後面看著這一切，甚至收杯子時還繞過這兩個男孩，完全無視於他們在店門前的行為。這種漠視和事不關己的態度，更讓我生氣。

過了一會兒，我還在想這兩個小孩其實不壞，還會把東西還回來時，大男孩又繞回來，跟隔壁一桌打扮時髦的年輕男人要錢，經過我面前時離得遠遠的。

「大哥，給我一點錢吧。」他說。

「我為什麼要給你，你是誰啊！」男人面無表情地說。

「我是敘利亞人，沒錢吃東西。」男孩回答。

「喔。」男人進去點咖啡，男孩跟了進去想要零錢。男人回到位子上，看來沒給錢，因為男孩仍一直纏在他身邊。

男孩看他無動於衷，於是問：「你是哪裡人？」

「伊斯坦堡人。」男人回答，然後點了根菸，繼續滑他的手機。就這樣過了十幾分鐘，男人沒再正眼瞧過男孩，任他在面前罰站。

「到底給不給啊？」男孩不耐煩了，開始面露凶光。男人繼續滑手機。

「媽的，不給就不給，跩個屁！你這條狗！」男孩開始碎罵，「噢不，不對，你比狗都不如。幹！」他用平淡的語氣講完這些髒話，離開了我們的視線。

男人直到他離開，頭也不抬地滑著他的手機，緩緩吐出一口菸。

# 他們又砍了兩顆頭

某天我走在熙來攘往的獨立大街上，看見前方聚集了一群高舉黑旗的民眾，定睛一看，那黑旗不就是惡名昭彰的「伊斯蘭國」（ISIS）國旗嗎？當下瞬間冒冷汗，馬上閃離他們遠遠的。

不過，那一群人的服裝樣貌看起來相當平凡，也沒有什麼激烈的舉動，只是靠攏著隨意站在路旁，每個人手上或拿、或舉著大面的伊斯蘭國黑旗。但經過的路人都既害怕又狐疑地偷偷往他們看去，腳步也不自覺地遠離，馬路上立時分流，自動與他們保持距離。

說也奇怪，附近並沒有警察坐鎮，看來似是合法的集會遊行。但他們輕鬆寫意地站在原地，也明顯不是在靜坐或抗議。我想，以土耳其國土面積的遼闊，以及在中東地區的強大軍事力量，伊斯蘭國幾乎不可能攻進伊斯坦堡，或明目張膽地有什麼作為，因此我徘徊一會兒就離開了。

## 土耳其該不該出兵？

回到家時，麥特和韓瑞克正吵得不可開交。我問他們怎麼了？

「這傢伙自以為在網路上看看新聞報導就什麼事都知道，笑死人。」麥特馬上破口而出，「你知道今天伊斯蘭國又斬首了兩個人質嗎？」

我點點頭，「我看到了，所以呢？你們為了這個吵架？」

「我只是認為，土耳其在地利之便和軍事的優勢上，不應該如此袖手旁觀，任由伊斯蘭國打著宗教的名義濫殺無辜。」韓瑞克說。

「你們西方人總有著一股自以為是的正義感，認為誰不對就要打誰、就要制裁誰。」麥特回答，「在ＩＳＩＳ這個議題上，土耳其的立場處在一種微妙的狀況，不是只有出不出兵的問題。不然，美國幹嘛不直接派軍隊把這個無惡不作的組織給消滅掉？」

「他們在亂殺人！不要跟我說那些外交政治的角力和利益關係，這些有比無辜的人命重要嗎？」韓瑞克開始激動起來。

「可是很遺憾的，世界就是在這樣的前提下運作的，尤其是自私的強權國家。」麥特說。

整個下午，他倆就一直為土耳其該不該出兵而爭論不休。我不能說麥特無情，也不否認韓瑞克「人命至上」的想法應該是當務之急。

生活在台灣時，從過去的蓋達組織到現在的伊斯蘭國，這些恐怖組織的所作所為儘管再殘暴，也只是距離我們有些遙遠的新聞畫面。來到伊斯坦堡後，由於地域的連結，情勢變化與生活周遭的人事物息息相關，一方面很現實地擔心自身的安全，另一方面，也開始想了解中東地區的遊戲規則。

韓瑞克會那麼生氣，是因為二〇一四年初伊斯蘭國逐漸壯大，並在中東地區製造恐慌後，美國曾邀請包括土耳其在內的西方各國參與制裁ＩＳＩＳ的會議，而土耳其卻是會後唯一沒有表達立場的國家。如今ＩＳＩＳ在土耳其的鄰近地區恣意妄為。

土耳其的顧慮之一，在於長久以來與庫德族的衝突紛爭。庫德族如今卻分身乏術地對抗ＩＳＩＳ的侵襲，這正是土耳其政府所樂見的。

## 庫德族人的獨立心願

庫德族是世界上從未建立過自己國家的民族之一，總人口約三千萬，在土耳其境內就有近一千四百萬人，多數分布在土耳其東南部。其餘的庫德族人，散居在伊拉克、敘利亞和伊朗北部。他們雖和土耳其人一樣信仰遜尼派伊斯蘭教，卻說著完全不同的庫德語，也有相異的文化和生活方式。

ＩＳＩＳ佔領了敘利亞和伊拉克北部大半的土地，濫殺無辜，直接威脅到庫德族人的生活空間。於是他們用有限的資源和少數西方國家的援助起身反抗，無論男女都上戰場，保護那片散落在各個國家的家園。許多在土耳其境內的庫德族人，也來到敘利亞加入同胞的行列。

土耳其軍人正在進行雪地山訓。

外界敬佩他們的勇敢，賦予「庫德族戰士」的封號，但庫德族的士兵說：「我們不是因為特別勇敢，而是不得已。他們侵佔的是我們的土地，不是你們的。」

自土耳其共和國成立以來，庫德族人一直想建立自己的國家，卻受到土耳其和伊拉克等政府的強烈打壓，不但不承認有庫德族的存在（認為他們只是住在山區的土耳其人），還禁止說庫德語。雖然有一千四百萬的庫德人在土耳其境內，他們在土耳其官方的認知裡，甚至連「少數民族」的名義都不被認同。

七〇年代，庫德斯坦工人黨（簡稱ＰＫＫ）在土耳其境內成立。創黨初期只是為了爭取庫德族農工階級的福利，一度與土耳其政府保持良好關係。但自八〇年代起，在分離主義者的煽動下，ＰＫＫ逐漸轉變成為採取激烈手段、爭取庫德族獨立建國的組織，並在十五年間，與土耳其政府在東南部展開大小戰爭，自殺攻擊造成了將近四萬人喪生。

也因此，ＰＫＫ被土耳其政府和

以鄂圖曼時期人物形象繪畫的畫作。庫德人雖和土耳其人長得一樣，卻有語言和生活方式的差異。

北大西洋公約組織（ＮＡＴＯ）列為恐怖組織。

不過，一次又一次的激烈行動，仍無法改變土耳其政府全面否認庫德族存在的政策。一九八三年，土耳其政府更徹底禁止庫德語在任何的媒體與政府公告中出現，學校也不能以庫德語教學。同時招攬更多的土耳其人，遷居東南部原本屬於庫德族人居住的土地上。這不禁讓我想到中國和新疆的現況。

「喔，所以土耳其是害怕境內自己定義的『恐怖組織』壯大，而不敢攻打現在正到處砍頭的真正的恐怖組織。」韓瑞克舉起雙手做出引號手勢，諷刺意味明顯。

我趕緊趁麥特還沒開口前轉移話題：「所以庫德族想要的是獨立，就這麼簡單？那麼，ＩＳＩＳ以振興伊斯蘭教的極端主義想要主導中東世界，同為穆斯林的土耳其人怎麼想？」

## 我恐懼的是那些過度信仰祂的人

「首先，土耳其的領土是不可能被撼動的，土耳其在北約常備軍隊的數量，是僅次於美國第二多的國家。」麥特說，「我想不只是土耳其，全世界的伊斯蘭教徒都會擔心因為ＩＳＩＳ，而加深了世人對這個宗教的誤會和種族的仇恨。」

土耳其政府原本秉持著「敵人的敵人就是朋友」的原則，來處理ＩＳＩＳ的議題。在美國主導的圍剿行動中，一直保持觀望的心態。但是，當敘利亞難民成千上百萬地湧入土耳其國土，政府終於不得不正視這個問題。

土耳其在二〇一五年七月終於答應與美國合作，開放軍事基地，成為美國轟炸ＩＳＩＳ的據點，卻也付出慘痛的代價。同年十月，首都安卡拉的一場選舉活動，被ＩＳＩＳ的自殺炸彈客攻擊，造成一百多人死亡。

然而，土耳其加入攻擊ＩＳＩＳ的決定，被庫德族人視為不懷好意，認為是想藉著攻擊行動「順便」打擊ＰＫＫ成員，庫德族強烈抗議這種聲東擊西的虛偽行為。

在一次前往土耳其東部的旅行途中，我第一次接觸到庫德人。他是滑雪場的教練，年紀只比我大一點，還在當地的大學就讀體育系，平時就到度假中心教課，收入在當地來說算非

帕慕克說：「我恐懼的不是神，是那些過度信仰祂的人。」

常高。

他說，「普遍的土耳其人不喜歡庫德人，認為我們未開化，教育程度低落，成天只想要獨立。他們看到庫德人就想到ＰＫＫ，想到ＰＫＫ就跟恐怖分子畫上等號。這跟那些看到伊斯蘭教徒就覺得是恐怖分子的西方人有什麼兩樣？我們只是在自己土地上努力工作的平凡人。」

恐怖組織在各地製造的恐慌，不僅加深族群的對立和宗教的誤解，更難以解答的，是國與國之間各懷鬼胎的政治外交利益；而最終受害的，卻是那些辛勤工作求生存的平民老百姓，不管是面對生活中的歧視，甚至是生命的威脅。

麥特說，土耳其境內也有一些極端的穆斯林贊同ＩＳＩＳ的所作所為。我在街上看見的那些舉著黑旗的群眾，也許就是他們的支持者，針對斬首事件表示認同。ＩＳＩＳ利用宗教的力量做為武器，吸引世界各地的極端分子（包括部分土耳其人），以人力或金錢等各種方式資助他們。

金錢、權力和宗教，堪稱是世界上最具影響力的三種誘因，當我們過分地濫用或曲解它時，這些力量足以使人心腐化，道德淪喪。

我想起奧罕・帕慕克的一句話：「我恐懼的不是神，是那些過度信仰祂的人。」

# 蓋齊公園事件

有一天我走在住家附近，正要去採買生活用品的途中，突然感覺空氣裡傳來一陣嗆鼻的氣味，正納悶時，倏忽間我的眼睛已經有點睜不開了，我才驚覺這是催淚瓦斯的作用。我四處張望，並沒有看到任何煙霧或抗爭活動在視線範圍內，我只好稍稍遮住口鼻，眯著眼繼續走。

當走到商店街附近時，有愈來愈多人從塔克辛廣場的方向快步往下跑，有的人像我一樣用手摀住口鼻，也有人用手帕遮住，一些年輕人亢奮地討論著，但警笛聲太大我聽不清楚。於是我躲進一間超市，望著玻璃窗外的騷動。

我開始有點害怕，因為在二〇一三年五月底，伊斯坦堡才發生了一場反政府示威活動，卻演變成造成傷亡的大規模流血衝突——蓋齊公園事件（Gezi Parkı Olayı）。站在超市內觀望的我，正擔心著是否廣場上又爆發了類似的抗爭活動？

## 為綠地請命的土耳其之春

蓋齊公園就位在人來人往的塔克辛廣場的一端，佔地不大，約莫十分鐘便可走完一圈，卻是伊斯坦堡非常少數的綠地公園之一。二〇一三年，時任總理的艾爾多安所領導的正義與發展黨（ＡＫＰ）計畫徵收此地，讓外資進駐，改建成大型的購物及商業中心。

但大部分的居民認為，伊斯坦堡的公園綠地已經少得可憐了，為何還要再蓋一座已經多到數不清的購物中心？

事件一開始，是五十名左右的環保人士在公園內紮營佔領，試圖阻撓政府不合理的政策，但警察卻在隔日焚毀他們的帳篷，用強力水柱和催淚瓦斯驅離並逮捕相關人士，於是引發社會群眾的不滿。他們對於政府用如此激烈的手段感到懷疑，而總理艾爾多安的強硬態度，也讓許多人決定走上街頭。

消息傳開後，數千人在塔克辛廣場上聚集，要求政府釋放被逮捕的抗議人士，並且撤回公園的徵收計畫。但土耳其警察再次無理的強力鎮壓，造成許多人流血受傷，甚至有人在抗議中死亡，包括在其他城市響應活動的人民。

我沒能親眼看見這場被稱為「土耳其之春」的抗爭活動，但麥特和他的朋友們，當時在街上流竄了整整一個多禮拜，幾乎沒有好好闔眼睡覺，衣櫃裡還留著當初用來抵擋催淚瓦斯的潛水鏡和面罩。他拿出來把玩，一邊跟我說在街頭上發生的事。

「其實蓋齊公園事件只是一個導火線。」麥特說，「人民對於執政黨，以及艾爾多安長久以來的獨裁作風和多項保守荒謬的政策感到厭煩。包含禁酒令、譴責墮胎、矮化婦女等等的言論，都讓我們憤怒。艾爾多安甚至在安卡拉蓋了一座比美國白宮還大的皇宮，據說他的馬桶是用黃金打造的。他的所作所為就像是現代蘇丹。」

我告訴麥特，台灣前一陣子也發生學運，許多人對政府的作風表示不滿。那時我就想起胡適說過的一段話：「在一個正常的社會，政府能幹清廉，政治有中年人操心，年輕人則看球、打球、唱歌、跳舞、談戀愛，盡情享受青春。但是在一個不正常的社會，政府無能、貪汙腐敗，中年人把持政權，年輕人便要為政治操心，甚至得上街遊行，要求改革、要求革命了。」

「不只是像我們這樣的學生走上街頭，連生活不受影響的中產階級、城市邊緣的窮人，甚至足球俱樂部的廣大球迷，都以團體的形式跳出來發聲。顯示了這場抗爭運動不單單是對綠地議題的反抗，更是對政府長久以來作為的不滿。」麥特說。

## 那一晚，他們投擲汽油彈……

白天，有時廣場上就像嘉年華會一樣，有攤販賣茶水、小吃，有人彈吉他，也有公民論壇讓大家上去發表意見。許多人就靜坐在地上，彼此談論著事件的想法。他們主要的訴求，就是希望政府撤回蓋購物中心的計畫，並要求總理為先前的暴力鎮壓下台負責。

但政府似乎不理睬這種溫和的抗爭方式，艾爾多安仍然堅決執行原定計畫，稱那些佔領公園和廣場的抗議者是「恐怖分子」，並且肯定警察的作為是克制且正當的。

警方又再次對廣場上的民眾噴射強力水柱，許多人受傷。群眾終於按捺不住情緒，到了夜晚，大多數像麥特一樣的年輕人，全副武裝，自製汽油彈和彈弓對警方發動攻勢。警察便以更多的催淚瓦斯和橡膠子彈，對付這些流竄的「恐怖分子」。

土耳其的電視新聞台此時卻反覆播送著關於企鵝的紀錄片，許多當地的電視頻道或

鎮暴警察在防暴盾牌後面嚴陣以待。（Eser Karadağ 攝）

鎮暴警察和民眾在塔克辛廣場前對峙。（Eser Karadağ 攝）

新聞台，勇敢地播報現場流血衝突的鎮壓狀況，卻被政府以「敗壞社會風氣，播放血腥畫面教壞小孩」的理由給整肅罰款。幾十名記者被送入牢房，甚至在推特上發表言論都會被逮捕。

「這是什麼樣的國家？」麥特說，他當時感到很難過，「我在抗爭過程中不停地思索，為什麼政府要這樣做？」

暴力鎮壓的行動從塔克辛廣場擴散到附近住宅區的街巷內，麥特和他的朋友們簡直瘋了，情緒亢奮，像是壓抑已久的野獸般準備衝出牢籠。長久以來政府無理又迂腐的作為，讓這些年輕人想要藉此大幹一場。

抗爭民眾投擲汽油彈，鎮暴警察則以強力水注、催淚瓦斯與橡膠子彈對付。最真實的衝突現場。（Eser Karadağ 攝）

他們在巷弄間和裝備精良的鎮暴警察對峙，彈弓和石頭的效果有限，便開始投擲汽油彈，焚燒車子、推倒拒馬，再以言語辱罵那些淪為國家打手的警察，就像電影裡末日來臨前的失控場面。

催淚瓦斯嗆得他們不得不躲進附近的民宅內，包著頭巾的老奶奶拿出檸檬水給他們塗在臉上緩解症狀，他們反倒很擔心會拖累好心的老奶奶，因為警察隨時可能衝進來把人帶走。

外頭的風聲過後，他們一群人躡手躡腳地回到麥特當時的租屋處，途中還幫助了一些受傷的抗議民眾，帶他們回來治療休息。十幾個人窩在幾坪大的房間內，滿身臭汗，有些傷口，更多的是疲倦，但安頓過後，大家卻開懷地哈哈大笑起來。

麥特說：「那個夜晚，也許是我人生當中最開心的時刻之一，在場的多數人也都感到如此。因為我們終於有機會讓政府知道，我們不是好惹的，我們的心聲反映出去了。在這場動亂中，陌生人互相幫助，為了同一個目標而努力的團結力量，讓我很感動。我們一起唱著約翰・藍儂的『Imagine』。」

## 一種從未出現過的公民意識

隔天，他們一群人又出發前往廣場要繼續示威，卻在途中被便衣警察給攔下，沒收了所有諸如防毒面具、安全帽、彈弓等被視為違禁品的東西。原來政府幾乎封鎖了塔克辛廣場方圓一公里的區域，不隨便讓人進入，廣場上只剩下少數的示威群眾，沒有人能夠輕易地進入支援。

多數的民眾只好轉移陣地，流散在各地能聚集的小廣場、公園前輪番發表演說，一種從未出現過的公民意識，倏忽間廣布於社會，也發展出一套獨特的秩序。為了不打斷正在發表意見的人，底下的聽眾發展出幾種表達想法的手勢，就像棒球戰術的暗號一般，安靜無聲，卻一清二楚。比如，雙手在身前畫出波浪狀，表示贊同與掌聲；手臂交叉，表示我不認同你；旋轉手腕或踩踏雙腳，就是叫你別廢話連篇了。

有外國記者指出，他在兩年駐土耳其

蓋齊公園的抗議民眾。一種從未出現過的公民意識，因這次事件而倏忽廣布於土耳其社會。（Eser Karadağ 攝）

工作期間，從沒見過土耳其人幫忙撿地上的垃圾，卻在這場抗爭中，看到有人自發性地清理街上因為動亂製造的大量垃圾。這或許有些誇大其詞，但土耳其公民確實在這場前所未有規模的抗爭運動中改變了，他們展現了想要變得更好的決心。

土耳其在正義與發展黨的執政下，二〇〇三年到二〇一三年，十年間經濟成長率約達百分之七，人均ＧＤＰ從兩千五美金提升至一萬美金出頭。爆炸性的經濟成長，讓土耳其備受國際關注，成為最具潛力的發展國家之一。但犧牲的，卻是平民百姓的生活空間，以及更大的貧富差距。

對外，艾爾多安支持自由的市場經濟、支持加入歐盟的經濟掛帥政策，受到商界熱烈的支持。對內，卻是伊斯蘭保守主義的獨裁作風，讓許多追求自由開放的年輕人心生不滿。他們認為，國家正被保守的宗教態度給限制住，與當年國父凱末爾所訂下的政教分離政策背道而馳。

艾爾多安也確實曾因為公開朗誦了一段具有影射和煽動宗教動亂的詩句而入獄，他說：「清真寺是軍營，上頭的圓頂就像我們的鋼盔，喚拜塔是我們的刺刀，而忠誠是軍人的使命。」

有人說，蓋齊公園事件其實是伊斯蘭保守主義與世俗主義對抗的縮影。事件最後，政府終於讓步，讓公園保持原樣，否則暴動規模恐會持續擴大。

麥特說：「或許我們都想得太複雜了，有些人只是單純地希望碩果僅存的綠地不要再被犧牲於資本主義之下，我們真的不需要再多一棟購物商場。」

# 阿思朗之死到少女離家日記

那天早上報紙的頭條，是一則舉國譁然的消息——二十歲的女大學生阿思朗，在反抗性侵的過程中被兇手殺死並焚屍。

當天她和朋友到購物中心逛街，傍晚搭共乘小巴回家，朋友下車後，車上只剩下她一人，從此之後就失蹤了。三天後，在郊區的河床上找到阿思朗燒焦的屍體。共乘小巴的司機在她落單後，嘗試在車上性侵她，卻被阿思朗隨身攜帶的防狼噴霧攻擊，一怒之下拿出小刀刺死了她。之後兇手的父親和朋友還協助他焚燒屍體，試圖湮滅證據。

阿思朗的朋友說，曾經搭過同一位司機的車，經常遇到凶手言語上的騷擾。因此她們都會隨身攜帶防狼噴霧，沒想到悲劇還是發生。

這個事件激起了全國民眾，尤其是婦女團體的憤怒。頭一次各城市都有大規模的抗議活動，同為土耳其的女性發聲，許多人都站出來表達曾經遭受到性騷擾。

「從前我們只敢偷偷地談論，抱怨這些不管是言語或肢體上的騷擾，但今天不一樣了，我們為這個無辜女生的遭遇感到無比難過與憤怒，不能再沉默下去，我們決定站出來公開譴責長久以來被隱忍的行為。」有人說。

## 穿著不是強暴的藉口

婦女節當天，也就是事件發生的三個禮拜後，我仍在伊斯坦堡亞洲岸的卡德寇伊遇見一大群的女生抗議團體。那時已經傍晚，我正要從卡德寇伊搭渡輪回到歐洲岸的家，那些手持抗議標語的女生結束遊街活動後也搭上渡輪。

在我身後的一個女生忽然唱起歌來，其他人也跟著唱出那激昂的旋律與歌詞。唱完歌，團體中一些女生開始大聲呼口號：「別碰我身體！」「我生而自由，也該活得自由！」「在停止你們的行為前，我們不會閉嘴！」等等，並且有節奏地拍著桌子和踏腳。

大約五十多人的團體不停在船上鼓譟，像我一樣安靜的散客穿插在她們之間，顯得有些突兀。有人拿相機拍照錄影表示支持，也有人不予理會看著自己的報紙。

土耳其男性不尊重女性的情況時有所聞，甚至還有那種以女生穿著的暴露程度來衡量一個人是否貞節的觀念。有些人偏差地認為，裙子穿愈短的女生，表示她們對性的觀念愈開放。雖然土耳其女性不願活在這樣的扭曲框架下，但為了保護自己，鮮少有人穿著迷你裙或露出大腿的熱褲走在街頭，即使像伊斯坦堡這樣的大城市，更不用說其他地區。

也因此，許多不懂這個現象的觀光客，就可能在當地受到騷擾。在土耳其搭長途巴士旅行時，除非是認識的人，座位一定被安排男女分開，這是避免長途車程中睡著而惹出性騷擾的糾紛。

「穿著不是強暴的藉口。」是阿思朗事件之後被提出的口號之一，土耳其女性再也無法忍受在父權社會下被隱性規範的服裝自由。也有許多男性穿上迷你裙走上街頭，聲援土耳其女性：「如果穿著迷你裙代表女性不貞潔，而男性視此為強暴的邀請，那我們也發出這樣的邀請。」

世俗化的土耳其女性勇敢地跳出來，為自己長久以來受到的無禮對待發聲，但事實上，更大部分的女性選擇遵循信仰來避免一切的爭端。傳統保守的家庭，會要求初經來潮的女孩開始披上頭巾和長袍，在外出時遮住自己的身體。她們依照保守程度，選擇不同的樣式和顏色：只包覆頭髮的hijab，顏色可以鮮豔，也可以樸素；加上面紗遮臉、只露眼睛的niqab；到全身都蓋在黑色罩袍和頭巾內，連眼睛都用黑紗蓋住的burka。

土耳其是伊斯蘭國家中世俗化程度最高、思想相對開放的地方，因此，在街上很少看到全身包得密不透風，像「神隱少女」裡無臉男的burka。我曾認真地猜想，宮崎駿是不是到過伊朗或阿拉伯等較為保守的伊斯蘭國家，才有電影裡這樣的靈感？

## 百分之六十的女性包頭巾

伊斯蘭國家不一定和女權落後畫上等號。在西元七世紀，伊斯蘭教的某些教義其實是提升女性地位的，例如，因傳宗接代而殺女嬰是違法的行為，女人可享有自己的財產權，結婚與離婚是自己可以決定的事情。又例如，土耳其早在一九三四年就開放女性有選舉權，甚至比大部分的西歐國家還要早幾十年。然而，為什麼現在以伊斯蘭教為信仰的國家，普遍讓國際間有女性權益落後的印象？

原來，《可蘭經》是需要人去解讀的，而傳統上解讀經文的工作是由男性教士來擔任。父權主義逐漸升溫下，《可蘭經》中倡導兩性平等的經文自然而然被忽略，因而衍生出父權為主流的社會價值觀。

穆斯林女性被要求披上頭巾和長袍，外出時遮住自己的身體，可說是父權主義下最大的犧牲品。

伊斯蘭女性的服裝，遂成為父權主義下最大的犧牲品。女性蓋住自己的身體和頭髮，竟是為了避免身體曲線的暴露而吸引男性。

根據土耳其經濟和社會調查局在二〇〇六年的研究顯示，土耳其約有百分之六十的女性包頭巾。但這是有地區差異的，像是在伊斯坦堡、伊茲米爾（İzmir）、安塔利亞（Antalya）等受西方文化薰陶較多的城市，女性包頭巾的比例不到百分之三十；而土耳其中部與東部的城鎮，幾乎很少在街上看到不包頭巾的女性。

從一九九九年到二〇〇六年，二十五到三十九歲不包頭巾的女性，從二八％攀升到四一・五％；十八到二十四歲之間的女性，則從四〇・五％上升到五〇・七％。到今日，這些數字仍在持續攀升中。許多來自宗教保守家庭（上一代女性長輩皆包頭巾）的年輕女生，也都選擇不要受到頭巾的束縛，家族也沒有給太大的壓力。

## 包頭巾不能進入大學?!

然而，宗教自由程度高的土耳其，卻存在著一項極矛盾的女權爭議——在二〇一三年以前，女性是不能戴頭巾進入大學和公家機關的。

於是，許多包著頭巾的土耳其女性，在受教權和工作權上受到很大的限制。女大學生為了能去學校讀書，只好在頭頂加上假髮或帽子，蓋住原本包在自己頭髮上的頭巾。

土耳其共和國建立之初，為了落實政教分離的體制，於一九三四年頒布了「服裝法」，明文禁止一切有宗教性象徵的服裝進入學校和政府機關。但在八〇年代之後，伊斯蘭保守政黨的崛起，愈來愈多的女性選擇包頭巾，而這些女性的教育和工作權也開始被重視。一九八四年，在社會強烈的反彈下，土耳其高等教育部不得不准許穿著「現代」的包頭巾女性進入校園。

二〇〇八年，由艾爾多安所領導、偏向伊斯蘭保守主義的正義與發展黨上台後，便積極修法，想要全面解除所有的限制，甚至挑戰憲法法庭，在違背憲法明定的世俗思想被禁黨的威脅下，一波三折，終於在二〇一三年獲得國會的多數贊同，解除所有的服裝限制。如今除了軍隊和司法體系外，不管何種宗教信仰的服裝外觀，人民都能自由進出校園和政府機關。

在這個議題上，「體制」和「女權」這兩個項目受到挑戰。在政治方面，世俗主義和伊斯蘭保守主義的對抗，一直是分化這個國家的主要原因之一。世俗派的土耳其人擔心，一旦全面讓象徵宗教的服裝進入校園和公家機關，土耳其的政教分離精神將被破壞，宗教思想將逐漸深入教育和工作場所，進而影響其他世俗派土耳其人的生活和價值觀。他們害怕因為這項錯誤的政策，最終倒退回像伊朗或伊拉克塔利班政權那樣保守且極端的社會。

而促成這項法條解除的正義與發展黨則認為，他們是為了每個人的自由而發聲。無論信仰程度，每個人都該擁有相等的受教權和工作權，不能因為在信仰上所呈現的外觀而受阻，這等於踐踏了一個民主國家在宗教和服裝的自由權。這樣正面的觀點，普遍受到土耳其民眾

醫學系學生正在街上做採訪報告，詢問路人對於整形手術的看法。

的認同，是解除禁令的有力支持點。

不公平的是，女性仍是這個爭議下的主角。男性也有許多保守的宗教擁護者，卻不像女性這樣被放大檢視。有些女性只是選擇在服裝上保護自己免於男性的騷擾，卻因此陷入難堪的窘境當中。包頭巾的女性在校園和職場中，仍受到明顯的歧視與阻礙，有人被老師刁難不能參與考試，或是相同工作卻薪資較低、升遷困難等等。

在某些人的潛意識裡，宗教保守的女性被視為未開化、被洗腦和思想愚鈍的象徵。從阿思朗事件和頭巾議題，女性仍像是被男性支配一般，告訴她們應該怎麼穿來顯示自己的莊重，或者女性不應該在公開場合大笑（土耳其副總理曾在演講中呼籲過）。而錯誤一旦發生了，就怪罪女性沒有遵守他們訂下的規範。

仔細想想，女性受到歧視，歸根結柢是社會中某種程度的父權主義影響。

## 少女離家日記的各自選擇

二〇一五年上映的土耳其電影「少女離家日記」（Mustang），就是描述某個家庭裡的五位女孩，在家族的父權觀念下成長的故事。一個平常日的放學午後，女孩們和同行的男孩到海邊玩水，畫面天真爛漫。回到家後，卻被奶奶質疑在外面和男生亂來。女孩們的父母雙亡，和奶奶、叔叔同住。女孩們跟男生在海邊嬉鬧的謠言，也在小小的城鎮中蔓延開來，惹得長輩們大發雷霆。為了保住她們的名聲，女孩被帶去檢驗是否為處女之身。女孩們被禁足，奶奶甚至把家中被視為能勾起青春期女生「淫穢」思想的一切事物：電話、電腦、化妝品、雜誌、鮮豔的衣服，全都鎖到衣櫃裡，然後逼她們換上樸素的保守服裝。從此，她們被囚禁在家中，學習一切被認為「女性應該要做的事」——洗衣、煮飯、打掃、縫紉等家務。

這讓我想到麥特不常回安卡拉老家的原因。他們家算是小康且非常西化開放的家庭，父親任職於建設公司，哥哥有自己的建築事務所，媽媽是全職的家庭主婦，像大

男尊女卑的觀念，似乎還普遍存在於土耳其家庭中，洗衣煮飯都是女人的事。（蔡雯潔 攝）

土耳其女性在傳統價值觀下，仍需面對某些無奈與壓迫的陰影。（蔡雯潔 攝）

部分的土耳其家庭一樣。但麥特說，每次回去都會感到不自在，家中的男人幾乎任何事情都不用動手，洗衣、煮飯、打掃全由媽媽一手包辦，男人總是視一切為理所當然，只翹著二郎腿在客廳聊天。

好幾次親戚來訪，他的那些堂姊妹、姑媽嬸嬸們甚至連茶都不讓他煮，要他好好坐在客廳就好，開玩笑地說廚房是女人的事。這種根深柢固的男尊女卑的傳統價值觀，似乎還普遍存在於土耳其家庭中。

身為經濟起飛的新興發展國家，土耳其的女性就業率卻只有二八％，也就是約兩千六百萬的女性勞動人口中，只有不到六百萬的人在工作。這樣的比率，不到歐盟國家平均的一半，也比台灣五〇％的女性就業率少很多。台灣雙薪家庭的比率約有六成，反觀土耳其只有約一一％。有二三．四％的土耳其女性曾被男性要求離開職場，或是不許工作。由此可見，土耳其「男主外、女主內」的現象還是頗為顯著。

「少女離家日記」除了敘述土耳其女性在傳統價值觀下的無奈處境，也將五姊妹的性格和互動描繪得細膩生動。雖然是生活在同個屋簷下的親生血親，每個人面對同樣拘束的生活，卻也有各自不同的面對態度，有人欣然接受這樣的命運，有人想盡辦法極力反抗不平等的對待。

就好像普遍的土耳其女性在面對社會帶給她們的壓迫時，每個人都在這樣的環境中做出自己的選擇。

# 東方巴黎：獨立大街

離開古董街上的公寓，穿越石頭路的窄巷弄，經過自一四五四年就開張的土耳其浴場和一間中國餐廳，不出十分鐘的時間，就可以走到伊斯坦堡最熱鬧的「獨立大街」。在鄂圖曼帝國時期，這條原名「大街」的區域，是十九世紀歐洲旅人口中的「東方巴黎」，土耳其的知識分子最喜歡遊蕩在這個參雜著半歐半亞文化的街區。

## 凱末爾率領的獨立戰爭

第一次世界大戰過後，身為戰敗國的鄂圖曼土耳其帝國簽下停戰協議，北方連接著黑海、戰略地位重要的達達尼爾海峽（土耳其稱做恰納卡萊海峽 Çanakkale Boğazı）被迫開放。時任鄂圖曼蘇丹的穆罕默德六世（Mehmed VI）在英國主導的協約國治理下，淪為傀儡政府，又在一九二〇年簽下對土耳其極不平等的「色佛爾條約」（Treaty of Sèvres），不僅讓土耳其失去大片土地，也削弱了鄂圖曼帝國的軍力。

土耳其被協約國的列強——英、法、義，和鄰國——希臘、亞美尼亞瓜分，當時的首都伊斯坦堡也淪陷，被迫交由協約國共同管理。土耳其人實際的領土，只剩下中部安納托利亞連接到黑海沿岸的一部分土地。

時任軍團司令的凱末爾脫離了積弱不振的鄂圖曼傀儡政府，以安卡拉為主要據點，召集各地的愛國志士，成立「土耳其大國民議會」，主張廢除帝制，不承認色佛爾條約，並且招兵買馬，開啟救國之路。他們一方面與協約國對抗，一方面還得面對既得利益的鄂圖曼皇室政府的要脅。

凱末爾率領的土耳其革命軍，經過兩年的苦戰，一步步逼退瓜分他們土地的國家，最終逼得協約國要求停戰，歸還各自的佔領地，以及被他們稱為「中立區」的伊斯坦堡，並且在瑞士召開多次會議，簽訂規劃出現今土耳其大致領土的「洛桑條約」（Treaty of Lausanne），取代不平等的色佛爾條約。

最後一任蘇丹穆罕默德六世，在英國的庇護下乘船逃離土耳其，歷時六百三十年的鄂圖曼土耳其帝國正式被推翻，取而代之的是土耳其共和國。

一九二三年十月二十九日，土耳其共和國建立的這一天，政府宣布將「大街」改名為「獨立大街」，以紀念土耳其獨立戰爭的勝利。

土耳其歷代蘇丹畫像，上排左四為凱末爾。

白天，成排希臘式建築的獨立大街，是人們逛街購物的天堂；晚間，則變身派對狂歡的不夜城。（下圖為蔡雯潔 攝）

## 最富庶、同時又最貧窮的地方

如今，以獨立大街為主的周邊，是伊斯坦堡最具指標性的購物和夜生活區域，咖啡廳、美術館、電影院、書店群集，各式的國際品牌綿延在將近三公里的成排希臘式建築裡，形成獨特的光景。

白天，這裡是逛街購物的天堂；到了晚間十點以後，多數店家拉下鐵門，隱身於巷弄間的夜店、酒吧和live house的霓虹燈亮起，獨立大街立刻變成派對狂歡的去處。在造訪土耳其之前，很難想像在中東一個以伊斯蘭教為主要信仰的國家裡，竟有這樣一座不夜城。

「獨立大街這個區域，可能是伊斯坦堡最富庶、同時又最貧窮的地方。」大街上我常去的一家餐廳老闆跟我說：「一方面，每天看著觀光客絡繹不絕的街頭，還有來用餐的商務人士興奮談論著土耳其經濟的發展潛力；另一方面，渾身髒兮兮的乞討者，有小孩、也有好手好腳的成年人，也到處穿梭在其中。」

富裕的上流階級，穿著名貴華麗的衣服、提著大包小包的戰利品掃街購物；而童工小販、乞丐、拉著大推車的回收者，那些在夾縫中求生存的人，竟也習以為常般、無違和感地融入其中。

走在觀光客絡繹不絕的獨立大街，約略可以看出這個國家的縮影——矛盾與衝突的社會氛圍。

在獨立大街中段的加拉達高中（Galata Lisesi）前，總是聚集著荷槍實彈、全副武裝的鎮暴警察，水柱車和鎮暴車就停在高中的停車場旁待命。這是蓋齊公園事件爆發大規模衝突後，政府為了防範群眾聚集所做的措施，警察們就守在街上防止突發的動亂。因此，當你走在全伊斯坦堡最熱鬧的購物大街上，伴隨著的是手持衝鋒槍的武警，以及巨獸般的裝甲鎮暴車和水柱車。

在伊斯坦堡的獨立大街上走幾回，約略可以看出這個國家的縮影——衝突感強烈的社會。這種衝突感，不是暴力事件的衝突，而是矛盾的社會氛圍。

在最熱鬧的購物大街上，伴隨著的是巨獸般的裝甲鎮暴車。（魏宗琳 攝）

## 全面西化改革，土耳其也曾有色情片產業

我和韓瑞克經常閒來無事就在街上亂晃，觀察雜亂的街道和來往的人群是我們的樂趣之一。最近正好在舉辦伊斯坦堡電影節，主辦單位和各家電影院合作，播映今年涵

蓋多種主題的特色電影。我們隨意走進一間大街旁的電影院，吸引我們的，卻是有關土耳其電影史的展覽。

其中一區這麼寫著：「一九七〇年代是土耳其色情片的黃金產期，直到一九八〇年軍事政變後，便禁止一切有猥褻畫面的作品。九〇年代開始，這個產業雖曾經短暫地復甦，製造低成本、低品質的色情片，但在社會的保守氛圍下不得不瓦解。」

「什麼！土耳其在四十幾年前拍色情片是合法的？」韓瑞克大叫，「但現在卻禁止人民看？」

土耳其目前的執政黨AKP（正義與發展黨）在二〇〇四年上台後，修法明定任何色情產業都是違法的，並全面封鎖國外的色情網站。直到現在，土耳其人要看色情片還得「翻牆」。

「這的確不太符合邏輯，感覺到了二十一世紀，土耳其反而變得更加保守。」我說。

除此之外，在麥特的父母那一輩，由於西化改革的推行，不需要上宗教課。現在AKP政府卻開始走回頭路，推廣宗教學校的設立。

土耳其共和國建立之後，凱末爾認為，伊斯蘭文化框架下的生活方式不夠進步，與民主共和制度是對立且矛盾的。因此，要落實土耳其的現代化，就要擺脫鄂圖曼帝國的舊制，降低伊斯蘭文化對社會的影響。凱末爾遂以「歐洲文明」為藍本，主導一連串的西化改革，被稱做「凱末爾主義」。

他首先廢除伊斯蘭教延續千年的哈里發制度，根除宗教力量攝政的可能性。土耳其軍隊從那時起被賦予極大的權力，為確保世俗化和西化政策能夠順利推行，若有宗教涉入政府運作的傾向，軍隊便可以強行干政，奪取政權。

然而，要讓一個經歷六百多年帝制、伊斯蘭價值觀根深柢固的國家轉變談何容易？為了改革國家的走向，初期得採用許多強制的法規，來遏止舊思維持續在社會蔓延。

土耳其開始用西曆取代伊斯蘭曆法，廢除帝國時期盛行的宗教學校，改設立初中、高中等歐制學校。制定「服裝法」，男性不能穿舊式的傳統服裝，改穿西服、戴西式禮帽；婦女上街不再因社會觀感而「強迫」穿罩袍、包頭巾。為了提升女權，開放女性參政權及投票權。下令捨棄難讀的阿拉伯文字母，改用拉丁字母拼土耳其文。凱末爾還親自下鄉教學，成功地提升了普遍民眾的識字率。

由最接近歐洲的伊斯坦堡開始，土耳其逐漸邁向現代且世俗化的社會。

在這漫長的現代化過程中，質疑與排斥的聲浪當然不曾間斷，畢竟土耳其仍是以穆斯林為主體的國家，改革帶來的巨變使人民不安。自八〇年代起，保守右派政黨的聲勢逐漸壯大，一意孤行的西化政策備受挑戰。

## 一個國家，兩個截然不同的世界

凱末爾無疑是土耳其的民族英雄，他驅逐外患、推翻帝制、建立民主共和，並且透過全面的西化改革，促使土耳其有朝一日能夠達到如同歐洲國家的強盛國力。但是，一九三八年過世的他，卻也因為強勢的改革政策，間接促使現在的土耳其身陷囹圄之中。

「土耳其曾經很歐派，我們一切向歐洲看齊。如今右派政黨執政，獨裁和保守的作風讓我們感覺回到了從前蘇丹統治的時代。」土耳其朋友抱怨說，「多數人民的頭腦沒

位於安卡拉的凱末爾靈寢。（段雅馨 攝）

駐守靈寢的衛兵。（段雅馨 攝）

有跟著時代進步，造成儘管我們是中東地區唯一的『民主』國家，仍飽受政治所帶來的衝擊。」

人口超過七千八百萬、幅員遼闊的土耳其，如同它巨大的貧富差距，不同地區和教育背景的人們，在思維、價值觀和生活方式上近乎天差地遠。伊斯坦堡和愛琴海沿岸一帶，是西化、受歐洲文化薰陶的土耳其；東部連接伊朗、敘利亞、亞塞拜然的地區，是伊斯蘭價值觀深植的土耳其。一個國家，兩個截然不同的世界。參差不齊甚至差距甚大的人口素質，使土耳其社會衍生許多矛盾現象。

世俗主義和伊斯蘭保守主義在國家運作中互相牽絆。世俗派的年輕人擔憂，獨裁保守的AKP遏制了土耳其的進步；另一部分的人卻認為，AKP是穩定土耳其內部的力量，贏得的是身為多數的宗教保守派人民這塊大餅。宗教信仰成了土耳其政客操作選舉最有利的工具。

宗教衍生出的議題尤其是被放大檢視的對象。例如前一篇提到的，公家和教育機關禁止包頭巾的婦女和一切有宗教象徵的服裝進入，這條禁令已被修法解除。這項修法，確實違背了當初為落實政教分離設下的憲政體制，但從平等權的角度思考，卻是社會成熟且進步的象徵。

從頭巾議題便可稍微理解，不管是政府或百姓，世俗派和保守派雙方的主張形成了矛盾對立，而兩者之間的完美平衡，才是土耳其在共和國成立後最大的課題。

上圖為聖索菲亞大教堂，下圖為藍色清真寺，穆罕默德二世攻佔伊斯坦堡後，為了與拜占庭帝國留下的聖索菲亞大教堂匹敵，在其對面蓋了更雄偉的藍色清真寺。如今兩座世界知名的宗教建築在同一條道上相對望，巧妙地映證歷史。

## 如果要當小說家，一定要住在伊斯坦堡

一四五三年之前，伊斯坦堡是基督世界的政經中心；如今由清真寺尖塔傳來的喚拜聲環繞著整個城市。在獨立大街上走一回，你能同時遇見伊斯坦堡最大的天主教堂和幾座清真寺，兩個對立性的宗教建築，巧妙地形成一道特殊的城市風景。

在伊斯坦堡這個最具代表性的城市中生活，最能強烈感受到，土耳其在許多方面還多元與複雜，讓伊斯坦堡的各色建築，甚至是海水散發出來的氣息，都有一種濃濃的憂愁感。

遊走在東方與西方文化的邊緣，還在找尋最適當的定位——我們到底是歐洲人，還是亞洲人？我們的人民以伊斯蘭信仰為主，卻不讓宗教過度涉入生活？我們究竟要進入歐盟，還是穩固自己中東老大的地位？……。各個面向，皆反映了土耳其因地理、歷史、信仰和憲政改革，在世界上獨一無二的社會多元性和複雜性。

會不會長久以來，多元文化和衝突帶來的不明確感，讓土耳其的音樂旋律總是帶著那麼一絲悲傷的調性？而構成伊斯坦堡的教堂、清真寺、石板路、不同宗教信仰程度的人群，甚至是海水散發出來的氣息，都有一種濃濃的憂愁感。

混亂，或許是促使進步的絆腳石，卻也可能是靈感的泉源。

韓瑞克有很規律的閱讀習慣，他的房間總是堆滿各國的翻譯小說。他說，他正著手以蓋齊公園事件為基底，創作一部刻劃人性的小說。他後來因為個人因素，沒有繼續在海峽大學攻讀學位，而把昂貴的學費用作為期半年的東南亞旅行。

我還記得他要回葡萄牙那天，送他上計程車前，他跟我說：「如果我將來要當小說家，一定要住在伊斯坦堡。這裡的衝突性襯托出的『哀愁感』，可以創造太多故事。」

# 深夜裡的伊斯坦堡產品設計師

這天晚上，麥特邀請我參加他大學舉辦的聚會。我們在接近午夜的時候，走到靠近獨立大街最中心的一條小巷內，巷口是一座剛翻新的清真寺，外觀的新漆和老舊的圍牆呈現極不和諧的調性，就像這座城市給人的感覺。坐落於七座小山丘上的伊斯坦堡，充斥著密集且高低起伏不均、新舊交織的建築。

從博斯普魯斯海峽的輪船上眺望，伊斯坦堡這條分為亞洲岸和歐洲岸的城市天際線，夾雜了千年歷史的清真寺、正在興建的摩天大樓、傳統的磚瓦建築、鋼筋混凝土的新式公寓，顯現毫無章法的城市規劃。但當你坐在碼頭邊，或通勤於渡輪上，靜靜地遠遠地凝視，這樣的不和諧卻有種意外的美感。

大至城市的外觀格局，小至人與人之間的關係，這種不和諧，在伊斯坦堡仔細觀察便處處可見。

我們走進的那間酒吧，就在那棟剛翻新的清真寺對面。門口沒有任何招牌，事實上那裡一點也不像是有酒吧存在的地方，看上去就是個普通公寓。循著老舊的大理石階梯爬到四樓，門口有個看守的學生，交談過後便放我們入場。

從博斯普魯斯海峽的輪船上，眺望伊斯坦堡的城市天際線，不和諧中卻有種意外的美感。（蔡雯潔 攝）

麥特與他的工作夥伴圖爾克（右）。

伊斯坦堡科技大學校舍一景。

這是一個屬於伊斯坦堡科技大學產品設計系的聚會場合，他們包下這個私人場地，讓在校生、畢業生，甚至講師、教授等定期交流。麥特畢業四年了，現在跟朋友一起創業，接各種產品設計的案子度日。他說，今晚想來這裡看看能遇到什麼人，就順便把我一道拉來。

## 學設計在土耳其，就像學土耳其語在台灣

室內的空間不是很大，角落有個隔間的沙發區，外推的陽台面對著清真寺，上面擠滿了吞雲吐霧的人們。在土耳其這種嗜菸如命的國家，竟然禁止室內抽菸，大家也都很守規矩，全部擠到容納不下十人的陽台上。

吧檯前三、四個工作人員，正應付著在吵雜音樂中嘗試嘶吼點酒的客人，ＤＪ站在高處忘我地搖擺刷盤。另一個半開放式的包廂牆上，投影著「辛普森家庭」影集，在這樣的環境下，倒像是在看搞笑默劇。

要了兩杯啤酒後，我們穿過擁擠的人群，以及嘗試在擁擠人群中扭動跳舞的人們，往陽台前進。麥特說，他今晚應該會抽很多菸，在工作了一整週的星期五夜晚，他打算這樣給自己獎勵。我聳聳肩表示沒意見。

在陽台消磨時間、等待麥特的好友兼同事圖爾克時，麥特介紹了一些朋友給我認識。妮爾、潔蘇和孔亞。他們三人是同年級的同學，妮爾和潔蘇去年剛畢業，孔亞還在延畢，他是那種看起來很老實的人，說起話來卻有點滑稽。他的名字也和旋轉舞發源地——土耳其中部城市孔亞（Konya）同名。

我問孔亞為什麼要延畢？想聽聽他的理由跟大部分台灣人有何不同。

他笑著說：「因為我不想這麼快就去當兵。」

「但在土耳其有大學學歷的話，不是只要當兵六個月嗎？趕快撐過去就好了。」

他抓抓自己所剩不多的頭髮說：「我就是覺得還沒準備好嘛，我還不想面對現實。當兵真的很浪費時間。」

「可不是嗎？台灣男生大多數也都這麼想。」

麥特雖然也這麼認為，但他在當兵期間，利用時間把軍中的點點滴滴繪畫記錄下來（當然沒有涉及機密），插畫風格寫實又獨特，得到了不少設計師的注意。這晚就有許多學弟妹因為那些畫作，跑過來和他聊天請益。

當話題跳到產品設計系學生最關心的議題——工作狀況時，除了孔亞仍舊無所謂地喝著酒，其他人看起來都有些憂心。麥特以創業者的身分給學弟妹們一些建議。圖爾克和他之前工作室的老師兼老闆沙馬，也一起加入話題。沙馬年長許多，頂著大光頭，身材偏瘦，第一眼不會想到他是做跟設計有關的工作。

他問我是哪裡人，來伊斯坦堡做什麼？我說，我在伊斯坦堡大學新聞系當交換學生，但在台灣主修土耳其語。跟大部分的土耳其人不一樣的是，他沒有問為什麼，而是很直接地皺了皺眉頭

麥特到科技大學與學弟妹交流，分享設計創業的心得。

說：「這不是一個好的投資。」

「土耳其的大環境不好。以我們靠設計吃飯的人來說，前景堪憂。」沙馬說，「我覺得比起語言是較為有趣沒錯，你必須發想並嘗試了解各種領域，應用在你的產品設計上。但是，唉！賺不了什麼錢。」

「學設計在土耳其，可能就像在台灣學……」圖爾克想打個比方。

「像我一樣學土耳其語。」我自我調侃地幫他補充。

「哈哈哈！」大家笑成一團。

## 不友善的創業環境

「對設計師來說，這裡並不是一個友善的環境。土耳其不重視專利權，似乎也無法可管，仿冒抄襲的狀況很普遍。像是很多公司要我設計產品，我嘗試設計出自己的模型與風格，但他們只丟給我一些市面上已經有的產品，要我做出差不多的設計就好。」麥特感慨地說，「儘管伊斯坦堡是土耳其最大、最西化的城市，許多人的觀念還是很保守，他們不敢輕易嘗試改變，也不接受創新的事物。這對設計產業傷害很大。」

妮爾很漂亮，爸爸是土耳其人，媽媽是斯洛伐克人，比起一般土耳其人，她的膚色比較白。我問她，現在也是freelance設計師嗎？她說不是。

「我還不知道要做什麼，也沒有明確目標，或許考慮讀研究所吧。」她苦惱地回答。

麥特大學畢業後，到黑海沿岸的城市巴爾特恩（Bartın）服了六個月的兵役。他說，整棟宿舍大約住了六十名士兵，大概只有六個人有大學學歷，他是唯一讀設計科系的，很稀有。

在土耳其受過高等教育的人，比起西方國家並不是這麼普遍，所以他的同袍大都年紀比他小，很多人都是義務教育結束後就來服兵役，甚至許多東部來的庫德族人是從來沒有接受教育的（當然是違法）。

在軍隊裡，早上六點起床，六點半吃早餐，七點準備配槍做早操，之後就開始一整天的訓練。大學畢業生經常幫長官做文書處理，比較輕鬆。週末他們會輪班開著吉普車，在荒涼的郊區巡邏。

服完兵役後，麥特回到伊斯坦堡，租了兩房一廳的公寓，他把客廳改裝成工作室兼自己的寢室，其他兩間就租給外國交換學生，可以收比較高的租金。

「土耳其政府沒有任何年輕創業家補助，我們必須自己想辦法減低開銷。」麥特說，「政府不但沒有相關政策幫助年輕人，反而還要創業的人繳錢，例如每個月的醫療保險、公司擔保金等費用，加起來就要一千六百里拉（將近兩萬台幣）。」

「所以等於你每個月還沒賺到錢，就要繳這些錢給政府？對剛創業的年輕人來說，簡直沒有道理嘛。」

「沒錯。除此之外，若是登記為公司，還得繳四〇%的稅給政府，根本賺不到錢。」

他也曾經到設計公司當上班族，薪水還過得去，但是一兩年後，他不想做起事來綁手綁腳，有好的idea都被公司拿走。於是毅然決然離開，試著打出自己的品牌。

我突然理解，為什麼所有我遇到的設計相關行業的朋友，都說他們是freelancer。不是公司行號，就不需要繳稅金和一堆不相干的費用給政府。麥特也開玩笑說，他是非法創業。

土耳其政府的稅率法規，在他們眼中是狗屁。一公升汽油要台幣六十多元（台灣約二十多元），iPhone 6s是台幣三萬二起跳，全因為關稅。在舊城區的巷弄內，有一整排都是流動攤販的水貨大街，賣的幾乎全是電子產品。然而，政府收這麼多稅金，錢到底用在哪裡，卻讓百姓感受不出來。

## 設計出走

麥特和圖爾克在五坪大的客廳工作室裡，做著他們的日常工作：幫當地民宿的網頁製作3D繪圖、替手機遊戲繪製世界幾個大城市的模型、因應客戶需求設計各種概念的交通工具，或是大型購物中心的電子看板，前幾天甚至跟朋友合作產品包裝。他們大學時期的朋友去美國學了製作牛肉乾的技術，回來後自己買機具、開工廠，準備量產創業。同時間，他和另一位朋友開發整合觀光景點地圖，及當地人推薦的民宿訂房系統。

沒有特定案子的時候，麥特會畫素描或動畫，放到自己的部落格，增加工作室品牌的曝光度。麥特屬於領導型的人物，出門拜訪客戶時，他總是提醒夥伴該注意什麼，圖爾克則掌握技術方面的工作，兩人合作無間。

「我們幾乎什麼都可以做。」麥特說，「不管是3D製圖、動畫、影片剪輯、photoshop、Illustrator、電腦繪圖，只要跟產品設計相關的技術跟軟體，我幾乎都會。」

他說，伊斯坦堡科技大學的畢業生其實很有競爭力，我們有想法、有技術、敢嘗試創新，苦於沒有良好的政策和友善的環境支持我們想做的。他曾想過到別的國家發展，但不會是歐洲國家。

「土耳其人遍布歐洲，從每個城市裡多到數不清的旋轉烤肉店（döner kebab house）就能看出端倪。但在多數歐洲人眼中，對土耳其人的觀感不是很好，即使那裡有更好的機會，我也不想去那裡被當成二等公民對待。」他解釋，「我對美國抱著比較大的期望，亞洲國家也是不錯的選擇。」

他的好幾個朋友，有人選擇到丹麥、瑞典等北歐設計大國當實習生，有人去日本旅行後開始學日文，計畫要在那兒生根。也因為我的關係，還有教授跟他提過台灣設計環境相對的種種優點，搞不好台灣是他亞洲國家的第一選擇。

圖爾克正在工作室為產品構圖拍照。

土耳其的年輕設計師，在不友善的就業環境中，掙扎於要出走接受挑戰，或是繼續待在國內設計產業不被重視的困境。

土耳其的教育體制和觀念，某些程度上和台灣類似。麥特說，他的聯考分數可以上任何他想去的學校和科系，當時，身邊所有的親朋好友都勸他去當醫生、律師。但麥特很清楚，那不是自己的興趣，從小喜歡畫畫的他，熱情是在創意與設計，所以毅然決然地選擇了這個領域。

我問他會後悔嗎？沒有聽家人的話去當醫生或律師。我知道這個問題很蠢，但還是忍不住想知道。

「後悔？別傻了吧，我明白設計是我熱愛的工作，對我來說就足夠了。其他的，一切都會慢慢找到辦法的。」

運用土耳其圖騰設計的燈具，色彩絢麗。

「藍眼睛」在土耳其是避邪之物，被做成各式各樣的飾品小物。

第四部

# 別問我是哪國人

## 又近又遠的國度

國家認同常常將自己納入各種意識形態的分類當中，
國籍、種族、語言、宗教、政治立場，
這些都是我們腦中虛構出來的界線；
但那些我們生活過的土地和人的情感，卻是真實的。

突厥民族遷徙路線。

# 維吾爾兄弟

我很喜歡舊城區的一家新疆餐館。身處土耳其截然不同的飲食文化中，尤其會想念中式料理的重口味食物。我會搭上路面電車，從新城區跨越加拉達大橋，來到舊城法赫提區（Fatih），經過伊斯坦堡大學和有頂大市集（Kapalı Çarşı）後，就可抵達這個步調和氛圍截然不同的社區。

法赫提區是舊城古蹟所在地的延伸範圍，很多人說這裡才是「真正的伊斯坦堡」。當初征服者穆罕默德攻佔伊斯坦堡就是從這裡開始的，區內就有君士坦丁大帝守城據點的狄奧多西城牆，如今古老的遺跡和現代人的生活已交融在一起。同時因為地段較便宜，有很多阿拉伯人、俄羅斯人和其他國家的移民居住在這裡。

有頂大市集，裡頭販賣各式地毯、燈具、絲巾、飾品等。

舊城區街頭一景。

古老的遺跡和現代人的生活交融在一起。那面牆是羅馬時期用來引水的水道橋。

離家比較近的新城區雖然也有幾間裝潢入時的中式餐館，但大多是廚師依照調味包SOP做出來的餐點和簡單點心。吃過一次，就知道那是沒有靈魂的食物，騙不了敏感的嘴，也滿足不了思鄉的胃。而且在觀光客較多的地段，價格高又不實惠，對於窮學生來說也是一大負擔。

所以我總願意不辭辛勞、花二十分鐘的車程來到新疆餐館，噢，對了，或者是說維吾爾餐館。在土耳其，新疆被稱做Uygur，新疆是中國給的稱呼，意思是新闢的疆土，而來到土耳其的維吾爾人大多不希望別人這樣稱呼他們。

餐館老闆會說流利的中文，少部分的服務生是維吾爾人，也多少會一點中文，另有幾個年輕男生來自土庫曼，他們就不能用中文交談了。餐廳裡熱門的餐點是乾煸炒麵和大盤雞，還有蒜炒青菜，完全符合台灣人的胃口。樸實的店面就像巷口小吃店那樣溫馨，常常不用一百元台幣就能飽餐一頓，這在物價幾乎是歐洲水準的伊斯坦堡非常少見。

這間餐館似乎是在土耳其生活的維吾爾人的據點。店內的客人幾乎都是用維吾爾語交談，少有土耳其人會來吃這種和他們飲食習慣大相逕庭的料理，只有像我這樣來自台灣或中國的學生（工作者），不時會出現在這裡。這條街短短五百公尺內，就有三、四家維吾爾餐館，顯然有很多維吾爾人在這個社區附近生活。

## 我來自東土耳其斯坦共和國

我在伊斯坦堡大學語言中心開給外國人上的土耳其語班級裡，班上二十個同學，大約有一半是來自新疆的維吾爾人。他們當中有包頭巾、穿樸素罩袍、剛從高中畢業的女孩們，也有打扮時髦來留學的幾個女

新疆餐館是在土耳其生活的維吾爾人的據點，也完全符合台灣學生的胃口。（王紀友 攝）

生，男生只有兩個。維吾爾人在外觀上與土耳其人非常相似。我很好奇，為什麼語言班裡有這麼多維吾爾同學？但一直沒什麼機會、也怕冒犯到隱私，而遲遲沒有攀談提問。

有一次考完試，班上幾個還不太熟的同學一起到語言班頂樓的露天食堂，吹著海風，看著大船小船在海峽上來來去去，大夥兒便有一搭沒一搭地聊著。雖然語言中心有個不成文規定，就是中級以上的學生禁止用土耳其語以外的語言聊天，但有時候我還是會跟維吾爾同學說幾句中文。

莎莉是烏魯木齊人，在家鄉念完大學後，來到伊斯坦堡和姨媽一家人同住，準備在這裡念研究所。而土耳其教育部規定，非本國籍的學生必須先拿到土耳其語的高級證書，才能參加高等教育的入學考，所以儘管她的土耳其語已經程度不錯，還是得來上課。

這時，一個應該是初階班的中年男子走過來跟我們搭話。他說他是阿爾及利亞人，似乎是公司外派到伊斯坦堡，因工作需求而來學語言，不過他的英語和土耳其語都不太好，卻竭盡所能地想跟我們聊天。他對漂亮的莎莉特別感興趣，問起她的國籍。莎莉出乎我意料的不是回答中國或新疆，而是說：「東土耳其斯坦共和國。」

阿爾及利亞人眉頭一皺，完全不知道在哪裡。莎莉接著回答Uygur，男子還是不懂，最後她才不情願地說：「中國西部。」男子才恍然大悟。

這也是我第一次聽到「東土耳其斯坦共和國」的名稱。原來新疆在一九三三到一九三四年間曾短暫建國，也可稱為「東突厥斯坦共和國」。不過當時被民國時期的軍閥給消滅，許多維族菁英分子遭到殺害。一九四四年在蘇聯的扶植下，又成立了「東土耳其斯坦第二共和國」，卻在短短五年後被中共收歸為自治區，成為中華人民共和國的一部分。東土耳其斯坦共和國的流亡政府在二〇〇四年成立於美國華盛頓特區，但未受任何國家承認。

事實上，維族人跟漢民族的文化天差地遠，他們是古代「回紇」的後代，是突厥民族的一支，信奉伊斯蘭教，說的是和土耳其語很相似的維吾爾語，也因此語言班上課的時候，維族同學總能比其他同學更快記起單字和文法。只不過土耳其語是用拉丁字母書寫，而維吾爾語用的是阿拉伯字母。

莎莉後來跟我說，她姨媽一家人二十幾年前就移民土耳其，因為在這裡生活比中國自由——外貌上差不多，宗教信仰相同，語言學習也沒什麼困難。莎莉在大學時期曾到蘇州念過書。但許多維吾爾人在漢族眼中就像外國人一樣，濃眉大眼、高挺的鼻子，漢人對新疆的了解除了貧困外其他一無所知。

## 基於兄弟情感的排華運動

土耳其人和維吾爾人，就像是分別落腳在西方和東方的大突厥民族後裔的兄弟。土耳其境內大約有四到五萬名維族人居住，大多群聚在伊斯坦堡外郊和中部的開賽利市（Kayseri）。

根據香港《端傳媒》報導，「外逃維吾爾人」在土耳其的生存方式大致可分為三類：第一類是少數，這些維吾爾人在土耳其有親戚朋友，可以透過關係尋得工作；第二類也是少數，他們性格較為獨立，有經商頭腦，可以很快適應土耳其當地的生活；第三類則是大多數，由於教育程度不高，人生地不熟，來到土耳其後大多沒有工作，只能靠偶爾打打零工和社會救濟來維持生活。

值得注意的是，在開賽利，婦女與孩童佔有非常高的比例。穿著遮蓋全身、只露眼睛的黑色罩袍，開賽利的維吾爾婦女說，逃到土耳其是為了「小孩的教育」，因為在新疆，沒有能夠學習傳統伊斯蘭教義和維吾爾文化的環境。在開賽利的安置區，他們成立自己的學校，教孩子讀《可蘭經》。但外逃者很快發現，土耳其遠比他們想像的世俗，滿目的西化特徵，衝擊著他們追求伊斯蘭教保守信仰的心。

土耳其政府對於接納同文同種的維族人，一直保持著開放的態度。據統計，光是二〇一四年，就有七千名的維族人透過各種方式來到土耳其。近年來，從中國雲南、廣東等省分經東南亞國家的「偷渡」路線頗為盛行——在泰國、馬來西亞等地，經由土耳其大使館的幫助，取得政治庇護身分後前往土耳其。不過由於中國政府的施壓，東南亞這些國家不得不遣返被視為偷渡者的維族人。

中國和土耳其因為新疆問題，處於一種微妙的政治關係。中國當局曾限制維吾爾的穆斯林在齋戒月遵守教義，學生們不停被宣導「少數民族勿禁食、不進清真寺、不參與宗教活動」等訊息。

然而，齋戒月在日落前不進食，目的是為了體會窮人的感受，期許自己懷抱感恩的心情，珍惜身邊的事物，是伊斯蘭教長久以來的習俗。禁止穆斯林從事齋戒月的活動，就像是不允許漢人在過年時圍爐一樣。

中國在新疆禁止宗教活動的消息，傳到了遠在幾千公里外的土耳其，竟格外引起反彈。幾千名群眾聚集在安卡拉的中國大使館前焚燒五星旗，並高喊著宗教自由的口號。參與抗議的土耳其人表示，維吾爾人和他們同屬於突厥民族，語言、文化和宗教的關連非常密切，因此挺身而出，為遠在地球另一端受打壓的同胞發聲，他們想告訴「東土耳其斯坦」的人們：你們不孤單。

在渡輪碼頭遇見穿著傳統哈薩克服飾的女孩。

那段期間，土耳其的排華情緒高漲，不管是不是中國人，許多亞洲面孔的遊客都遭到無辜波及，距離我租屋處不到幾百公尺的中國餐館甚至被砸店。本來生意就不好的店家，玻璃被砸碎了，店內桌椅亂成一團，門口招牌上的「Happy China」字樣看起來格外諷刺。老闆接受採訪時很無奈地說，其實他的廚師和員工都是維吾爾人，他對在中國發生的事件一樣感到憤怒，這些土耳其人卻不分青紅皂白地攻擊任何與中國相關的無辜店家。

## 維吾爾年輕人的國家認同

班上有一個維族男生叫瑞納，我問他來土耳其的原因，是否像許多維族人一樣，因為家鄉的變故而想過來定居以尋求更好的發展？十八歲的他，在烏魯木齊高中畢業後就來到伊斯坦堡。

「不會想移民。就只是出來開拓視野、見識見識，沒有特別的原因。念完大學就回新疆了。」

「土耳其是維吾爾人留學地點的主要選項之一嗎？因為語言和文化上比較相近的緣故？」

「這倒也不是，我有很多朋友也是高中畢業後就到美國留學，之後還是想回來家鄉創業。」瑞納說。

「你們這一輩的年輕人，會認為自己是中國人嗎？」

「對，我認同自己是中國人，至少在我周遭的維族朋友都覺得自己是中國人。不過像我爸媽，或者更老一輩的就不清楚了。」

儘管在語言班相處了近四個月的時光，我們的交談還是沒有很熱絡。從瑞納的外觀打扮來看，可以推測是來自經濟能力不錯的家庭。言談之中總覺得瑞納有所保留，感覺他不太想談論這些問題。

或許九〇後出生的維吾爾年輕人，在中國大量移民漢人的政策下，教育和生活上已逐漸被同化。儘管維吾爾人一直抗拒學習中文這件事，畢竟這是最明顯的漢化象徵，但莎莉和瑞納這一代人，在教育體制下還是能流利地說普通話、書寫簡體中文，因為你不學就無法和社會接軌。

如果上一輩沒有太多的宗教和民族情感的灌輸，這一代的維族青年對自己民族的

埃爾祖魯姆具有濃厚民族風情的土耳其懷舊餐廳，仍以舊時代席地而坐、圍爐的方式用餐。

認同感將愈來愈淡薄吧。相較之下，二十五歲的莎莉卻認為自己就是維吾爾人，不是什麼新疆人或中國人。莎莉的姊姊早已搬到挪威生活，其他的表兄弟姊妹也散居世界各地。

語言班最後一天結業考之後，大夥兒提議去餐廳慶祝，同學間為數最多的是維吾爾人，想當然耳，我們去了那家頗負盛名的維吾爾餐廳。用餐期間，我留意到隔壁桌坐的維族一家人，父母帶著像是剛成年的女兒來吃飯，彼此間幾乎沒有對話。爸爸穿著西裝，像是個成功的生意人，媽媽不像傳統婦女包著頭巾，女兒也沒有。打扮時髦的她，邊滑著最新的 iPhone，邊一口一口地吃著新疆拉麵（legmen）。

看到這一家人，我很難想像，一個擁有自己文化、語言和宗教的民族，卻不得不離開家鄉到另一個國度討生活，那會是什麼樣的心境？或許物質上更富有，生活更自在，但內心是不是始終感到遺憾呢？

我問莎莉，在伊斯坦堡的維吾爾人之間有什麼聯繫嗎？她說，大家都各過各的，即使語言班的維族同學，下了課後也鮮少見面。大家都有各自的目標，離開家鄉就是為了更好的生活，所以得要很努力。

「妳會想念烏魯木齊嗎？」

「我想我只能這麼說，在土耳其，或許我是個名義上的異鄉人；但在新疆，我的內心卻比身在任何地方更像個異鄉人。」

# 愛情海兩岸的雙重異鄉人

緊鄰愛琴海的伊茲米爾是土耳其的第三大城，是僅次於伊斯坦堡最西化的海港城市。這裡的海鮮料理「淡菜鑲飯」，也是我吃過全土耳其最新鮮肥美的。

此外，提到伊茲米爾，大部分的土耳其人可能會告訴你：那裡產美女。因為地緣和歷史的關係，這裡的人多少都有希臘的血統。在土耳其人的審美觀中，金髮碧眼普遍被認為更迷人，從廣告招牌上明星的五官和髮色就能窺知。

我們和馬仕強（Özcan）老師在伊茲米爾的著名地標「鐘塔廣場」（Saat Kulesi）前碰面。老師還是老樣子，頂著三分頭、蠟筆小新般的濃眉，以及從圓滾滾的身形發出的宏亮嗓音，我們都叫他強哥。他原本只預計在台灣當一年的外籍交換教授，卻因為太愛台灣食物了，尤其是水餃和牛肉麵（老師是無神論者），而續留一年。我們與他在大學裡度過兩年的時光。在來台灣前，強哥在韓國的大學交過兩年書，同樣是交換教授的身分。

他現在在伊茲米爾的語言中心教土耳其語，大學念的卻是法語系，畢業後還曾經當過導遊。「生命自己會找到出路的。」強哥說。

他是屬於樂天知命的人。當我們坐在他的車上，無意間談起土耳其的政治和經濟狀況時，他跟我們說，過幾年他就想退休了。

「政府的迂腐我們無能為力，那就別管吧。再工作幾年存點錢，我就要到鄉下的海邊買塊地，種些蔬果，和老婆小孩過清閒的生活。」強哥現在的房子在伊茲米爾市中心，每天開車半小時到語言中心去教課。

伊茲米爾著名地標「鐘塔廣場」。（段雅馨 攝）

## 隔著愛情海，與希臘相望

我們幾個自台灣來的同學坐著老師的車，開了將近兩個小時，來到老師口中的鄉下海邊——迪基利（Dikili）。一棟棟矗立在空曠田野間的透天平房、田間小徑上的電線竿，都讓我有種來到宜蘭的錯覺。強哥說，迪基利算是度假型的村莊，這裡的房子大都是住在附近城市的人買來夏日度假時用的。現在是初春，因此街道上很冷清，房子裡也都沒有人。

「這裡的房子貴嗎？」我問。

「嚴格說起來不貴，大概三十萬里拉（三百多萬台幣）就可以買到二十幾坪的兩層平房，還附帶花園呢。」他說，「等你們賺錢，來這裡買一棟陪我啊！夏天我們可以在海邊游泳一整天！」

強哥早就在這裡買了一棟兩層樓的透天厝，供養自己高齡八十幾歲的母親，週末若沒有特別行程，他就開兩個小時的車程來這裡陪媽媽。強哥的姊姊也住在這裡，照顧老母親。庭院前有一片因為連夜大雨而積水的草皮，竟然有不知打哪兒來的魚，在積水裡優游。

「今晚你們就睡這兒吧！二樓房間很多，趕快去挑！」強哥用他的大嗓門說。

飯後，強哥提議到海邊散散步，一行人便浩浩蕩蕩從家裡出發，在轉角看似快要歇

愛情海岸旁的小鎮迪基利，空曠田野間的透天平房、田間小徑上的電線竿，彷彿置身台灣宜蘭的錯覺。

業的雜貨店裡買了些啤酒。海灘上空無一人，只有冷冽的海風不停地吹在我們拿著冰啤酒而顫抖的手。

雲層很厚的傍晚看不見夕陽，但海的另一端似乎有一座山的輪廓。強哥說，那裡就是希臘了，那是愛琴海諸島的其中一座島——列斯博斯島（Lesbos Island），距離迪基利的海岸只有三十公里。

有同性戀身分的古希臘時代著名女詩人莎芙（Sappho），曾經是島上的居民，女同性戀（Lesbian）一詞的根源，就是從Lesbos而來。

「老師，你去過對面那座島嗎？」

「雖然很近，但我沒去過。」

「那希臘本土呢？」

「也沒有，甚至也不曾想要去過。」

「為什麼？」

「那裡的東西不是跟我們土耳其一樣嗎？飲食文化、地中海型氣候，甚至歷史遺跡也都是同個帝國所留下的。希臘對我來說沒有什麼吸引力，我認為出國就是要體驗不同的生活方式，所以比較喜歡去亞洲國家。」

舉例來說，希臘咖啡與土耳其咖啡事實上是相同的概念，同樣是不濾渣的喝法，還有相似的占卜文化，雙方甚至互相爭論是自己的發明。在飲食方面，雖然各自代表「土耳其料理」和「希臘料理」，卻都是大同小異的地中海料理，廣泛地使用橄欖油和香料。

如果分別到希臘和土耳其餐廳吃飯，你會看到「希臘旋轉烤肉」或「土耳其旋轉烤肉」，「希臘沙拉」或「土耳其沙

土耳其著名料理：旋轉烤肉。

拉」，有什麼不一樣嗎？其實內容物幾乎相同，只是雙方在名稱上的堅持而已。

韓瑞克在家裡時，有時為了挑起民族意識激怒麥特，會對他說：「可以幫我煮杯希臘咖啡嗎？」

## 賽普勒斯島上的那座圍牆

事實上，土耳其和希臘有很深的淵源，因此在人種、飲食文化上非常相似；而不同之處，絕大多數是因為信仰的關係，伊斯蘭教和希臘東正教分別影響了人民的生活習慣，否則希臘人和土耳其人幾乎無法清楚區別。

自十四世紀起，鄂圖曼帝國就逐漸佔領了現今希臘所處的巴爾幹半島。直到一八二一年希臘政府自行宣布獨立，並在英、法、俄國的扶持下，於一八三二年的獨立戰爭中擊敗土耳其人。

從此，希臘與土耳其便糾葛不清：一八九七年，因為克里特島主權問題而爆發的希土戰爭，一九一二到一九一三年間的巴爾幹戰爭，第一次世界大戰，以及緊接著發生的土耳其共和國獨立戰爭。

說到希臘人和土耳其人的外交決裂，不得不提到賽普勒斯（Cyprus）這個國家。這個位於土耳其南端的地中海島國，一九六〇年自英國獨立，分別有大約四比一的希臘裔和土耳其裔居民。為了解決敏感的族裔問題，兩方達成了一個不成文的共識：若希臘裔的總統候選人當選，他就要選擇土耳其裔做副手，反之亦然。但兩個族群間的紛爭終究還是爆發。

希臘裔總統先是提出了不利土耳其裔族群的憲法修正案，支持回歸希臘的軍官又發動政變，土耳其便以保護自己的同胞為由，不顧國際法規範，入侵賽普勒斯，佔領了賽國北方約三分之一的面積。

最後，在聯合國部隊的調停下才結束戰火。土耳其畫出了一道長約三百公里的停火線，從此這座島被一分為二，北方的土地屬於土裔賽普勒斯人，南方則歸希臘裔，而邊界的軍事緩衝區，目前仍由聯合國維和部隊代為管理。

土裔族群在土耳其的支持下，於一九八三年宣布成立「北賽普勒斯共和國」，不過國際間只有土耳其一國承認。南方由希臘裔管理的「賽普勒斯共和國」則普遍受到國際上承認，並在二〇〇四年加入歐盟。雙方都認定尼可西亞（Nicosia）為他們法理上的首都，這個城市也成為柏林圍牆倒塌後，世界上僅存以圍牆一分為二的首都。希臘裔和土耳其裔的島民從此互不相涉。

## 種族清洗的悲歌——香料共和國

關於種族議題，至今影響土耳其和希臘兩國最深的，便是土耳其共和國在獨立戰爭結束後，與協約國簽訂的「洛桑條約」。條文中除了與各國協商現今土耳其大致的領土界線及戰後賠償外，更提出了「土耳其與希臘人口交換」的政策。凱末爾和希臘當局都希望建立單一種族和宗教信仰的國家。

當時這項舉動，被認為是國家與國家之間平和的「種族清洗」儀式；但困難的是，在將近五個世紀鄂圖曼帝國的統治及彼此疆土的變動下，不管在人種外貌和生活文化上，已經很難界定誰是希臘人，誰又是純正的土耳其人。那麼，當時要怎麼把希臘境內的土耳其人，和土耳其境內的希臘人給區分出來呢？

宗教信仰成了唯一明確的依據。

於是，大約有一百五十萬名居住在小亞細亞地區的希臘東正教徒，和在巴爾幹半島上約五十萬名的穆斯林，被迫遷離他們原有的家園，來到他們從來沒有到過的「祖國」。這裡頭，大多數的穆斯林甚至不會說土耳其語，而那些希臘裔的東正教徒也不會說希臘語。

把國族的認同建立在宗教信仰上，使得這兩百萬居民從自己生長的土地上被連根拔起，遷移到曾經數度烽火交戰的仇敵國家中。他們成了不會「家鄉」語言，也打從心底不認同自己是希臘人／土耳其人的雙重異鄉人。

土耳其香料店。其中番紅花堪稱最貴的香料之一，每公斤大約兩千美元，常見於西班牙海鮮飯中。（王紀友 攝）

「香料共和國」（A Touch of Spice）就是以這段歷史做為藍圖改編的電影。主角凡尼斯是從小跟著外公在伊斯坦堡成長的希臘裔居民，因為賽普勒斯的政局動亂，土耳其政府決定驅逐境內的希臘人，他也被迫離開他童年的初戀珊美。

多年後，凡尼斯的爸爸告訴他，那晚移民官來到家裡對他說的耳語：「只要你改信伊斯蘭教，你們就可以不必走。」爸爸雖然認定自己的家鄉是伊斯坦堡，卻也始終不曾對自己的信仰懷疑過，他甚至對當時遲疑了五秒鐘的宗教叛離而感到慚愧。

土耳其政府以宗教信仰來區分，把他們當作希臘人趕走；來到了希臘，又被周遭人當作土耳其佬排斥。凡尼斯在希臘的不適應，以及對伊斯坦堡的思念，讓他惹出許多麻煩。他的父親一直被施壓，要灌輸兒子「民族意識」以激起他對希臘的愛，幫助凡尼斯的生活步上正軌。

但是一個人的情感怎可能無中生有呢？凡尼斯一切的記憶——外公的香料店、珊美為他跳的舞，所有的美好印象都在伊斯坦堡，但政治與外交的局勢卻迫使他要當個希臘人。二元對立的現實，撕裂了一個人對於土地和人的情感。

## 不要問我是哪國人，問我是哪個地方人

「香料共和國」的導演迪索．布麥特斯（Tassos Boulmetis），就是在這樣的背景下成長的。他生於伊斯坦堡，七歲時，在賽普勒斯的動盪政局下被迫遷往希臘。這部電影

國族的認同僅能建立在宗教信仰上嗎？我們生活過的土地和人的情感，才是真實的。（蔡雯潔 攝）

運用了料理的前菜、主菜及甜點當作故事主幹，融合各種香料使用的隱喻，或許某種程度上表現了自身對於家國的情感與意象。

這讓我想到作家泰雅思（Taiye Selasi）在TED演講時提到的概念：「不要問我是哪國人，問我是哪個地方人。」（Don't ask me where am I from, ask me where I'm a local.）

我們拿著某國的護照，但可能是來自另一個國家的移民，有不同的出生地，在不同的城市就學、成長。全球化的社會裡，不同國家與地區間的移動已經是常態。「經驗」是構築我們生命中「地方情感」的主要元素。

國土的疆界是由人所虛構制訂出來的，虛構的國家認同常常讓我們將自己納入各種意識形態的分類當中——國籍、種族、語言、宗教、政治立場，這些都是我們腦中虛構出來的界線；但那些我們生活過的土地和人的情感，卻是真實的。

泰雅思告訴我們的是，一個人其實是屬於多個地區、包含多個層次的個體。當彼此撇開國家的框架，以「擁有在地經驗與情感的在地人」的身分討論自己時，人與人之間的距離也許就不會那麼疏遠。

# 最近卻最遙遠的距離：歐盟之路

趁著學期結束的長假，我到歐洲幾個國家短期旅行。兩個禮拜後，回到議會普選將要來臨的土耳其。六月的伊斯坦堡艷陽高照、氣候涼爽，漫步在海風吹拂的街頭，充滿了初夏的味道。

此刻街頭巷尾掛滿了五顏六色的旗幟，上面印著各黨派的黨徽和口號。土耳其的選舉文化和台灣有許多相似之處，其一便是這些旗幟，成為選舉造勢期間短暫的另類風景。他們也會舉辦造勢活動，參選人在台上透過大聲公，聲嘶力竭地喊口號。有趣的是，一些不知道是支持者還是黨工的民眾，總會在舞台前方手拉著手圍成一圈，在震耳欲聾的音樂聲下，跳著看似民族舞蹈的舞步。

我問在一旁看熱鬧的阿伯，他們在做什麼？「這是象徵團結的舞步啊。」他解釋，黨工會邀請支持的民眾一起跳這樣的舞。

在市中心熱鬧的塔克辛廣場上，正在大張旗鼓地動工。工地前的圍籬上，貼著未來完工的示意圖和工程說明：「廣場的空地將鋪設更精美的地磚並種植綠樹，這裡將煥然一新，為伊斯坦堡的居民創造更舒適的生活空間。」

目前的執政黨AKP在廣場前豎立起大大的看板，上頭寫著「其他政黨只會說，我們會

選舉一到，土耳其街頭巷尾掛滿了五顏六色的旗幟，和台灣選舉文化頗為類似。

塔克辛廣場前的大看板，紅字寫著「我們正在建造伊斯坦堡的新地鐵路線」，藍字則寫著「其他政黨只會說，我們會做」。

候選人宣傳站。

做」（Onlar konuşur Ak parti yapar）的標語，配上總理（也是所有政治人物）標準的僵硬微笑。

整個城市彷彿因為大選將至而活絡了起來。許多地方轟隆隆地在建設，各個街區都有人發傳單和連署，也不時看見造勢活動後聚成一圈跳「團結舞步」的群眾。

## 別輕易和土耳其人聊政治

我在超市的生鮮區和店員聊天時，一位大嬸聽到我說土耳其語，便過來和我攀談。當她得知我在伊斯坦堡大學念新聞系時，丟給我一個問題：「你覺得土耳其的政治怎麼樣？」

我怕說得太直白而冒犯到她，便回答：「可能……有點糟吧。」

「何止有點糟，爛透了！」她雙眼直盯著我看，正經的讓我不寒而慄，「到處都是謊言和作弊。」

我怕遇上政治激進分子，只能快快地結束話題離開。一旦和土耳其人聊政治（無論內政或外交），可能三天三夜都不會放你走。

回想幾次入境土耳其機場，面對海關時，通常有很大機會被問到：「你到底是中國人還是台灣人？到底有什麼不一樣？」

頭幾次我還很認真跟那些海關人員解釋，中國是「People's Republic of China」，台灣是「Republic of China」，我們都認為自己是唯一的正統，互相不承認對方。但一說出口，才發現這聽起來像是愚蠢的繞口令，不管用英語或土耳其語表達。

海關人員也還是一頭霧水地問下去：「為什麼你們互相不承認？」

「因為歷史上的國共戰爭。」我接著簡單敘述了一下。在入境的海關櫃檯前，他們似乎聽得津津有味，一直問問題。沒想到我竟然在土耳其機場上起歷史課，這樣的經驗只有在土耳其才會發生吧，他們有一種無法解釋的輕鬆態度。

又有一次，一位男性海關人員還跟我聊起他的婚姻生活，一問之下，他年紀竟然比我小，隨後拿出皮夾，給我看他剛出生兒子的照片，催促我趕快結婚。

往後再被問到，我都以「中國和台灣是不一樣的國家」草草帶過，否則沒完沒了，雖然我很佩服土耳其海關不顧後面大排長龍旅客的求知精神。

台灣在國際間有國家認同的困難處境，土耳其也有它在國際上長久以來的窘境——與歐盟的曖昧關係。

## 入歐盟——貓捉老鼠、永無止境的遊戲

伊斯坦堡在世界的地理位置，真是絕無僅有。三個小時的飛行航程內，可以橫跨歐、亞、非三大洲，北邊能飛到俄羅斯首府莫斯科，南入埃及，東進伊朗首都德黑蘭，西邊則可抵達德國。

雖然如此，土耳其朋友想去歐洲國家旅行卻困難重重，出發前的幾個月就要辦好簽證，還要附上一堆證明文件，上面有你的家人、擔保人、財產證明等資料——歐盟國家必須確保你不會就此「跳機」，不回土耳其了。

「我們與最近的歐盟國家希臘，僅有一個邊界之隔，卻需要這麼多的資料與簽證才能過去，而你們從遙遠的小島台灣來，卻能自由進出歐盟的申根區。」麥特和梅爾達

覺得很不可思議。

這也顯示了，歐盟對於人口龐大、幅員遼闊的土耳其，仍有很大的戒心和疑慮。

土耳其自一九八七年就申請加入歐盟，在一九九九年成為正式候選國，二〇〇五年開啟入盟談判，但直到二〇一四年，入盟談判的條約有一半因意見分歧而處於凍結狀態，只有在「科學與研究」這一項達成共識。入盟過程是所有候選國中最為漫長的。

梅爾達說，每一任政府都極力以爭取加入歐盟為目標，但三十年過去了，土耳其仍舊在原地踏步。這些年間，甚至被一些蘇聯體系下的前共產國家，如拉脫維亞、立陶宛等超越進度。

事實上，國際間對於土耳其是否具有資格加入歐盟，不論就地緣、政治、經濟、歷史與宗教文化等層面，都有兩極化的爭論。

## ◎地緣

土耳其到底屬不屬於歐洲的一部分？就地緣來看，土耳其全境國土只有百分之三在歐洲大陸上，其餘百分之九十七位在亞洲。

在支持者眼中，國土比例不是阻擾土耳其成為歐盟成員的因素，反而是一個優勢。伊斯坦堡是歐亞的橋樑，能讓歐盟國家與阿拉伯或其他快速發展地區，有更直接的交流。土耳其是歐盟面對俄羅斯和中東最有利的門戶，控制了馬爾馬拉海和博斯普魯斯海峽絕佳的戰略位置。土耳其在北約僅次於美國的軍隊數量，也能鞏固整個歐盟的邊境安全。

反對者則認為，國土百分之九十七在亞洲的土耳其，若對它開放入盟，等於也放寬了高加索地區的國家資格，這樣無止境的標準不是他們所樂見的。況且，歐盟不需要和敘利亞、伊拉克等國家共享邊界，很有可能產生更多偷渡和移民問題。而幅員遼闊的土耳其擁有近七千八百萬的人口，若加入歐盟，便成為僅次於德國的人口第二大國，在歐洲議會中將佔有多數的席次，進而可能具有影響決策的能力。

## ◎政治

土耳其是一個民主發展蓬勃的國家，政黨的多元性，人權和民族等議題逐日改善，如今庫德語已經不再被禁止，境內也收留了將近兩百萬名的敘利亞難民。歐盟因此考慮，在二〇一六年提供土耳其公民到申根區的免簽優待，並重新開啟停滯的入盟談判。土耳其無可否認的是一個強而有力的北約成員，若不

從現代感的吧檯窗戶望出去，外頭是清真寺襯托出伊斯蘭傳統信仰的城市天際線。

趕快拉攏入歐盟，很有可能未來不管在經濟和軍事上，成為具有威脅性的對手。

不過也有人認為，土耳其的民主和歐洲各國還是有很大的距離，近年政府的獨裁作風引發普遍民眾不滿，女權、司法和言論自由是最令人詬病的項目，控制和干涉媒體的行為層出不窮，超過百位記者曾經或仍在獄中服刑。土耳其政府一直不承認的亞美尼亞種族大屠殺，也成為進入歐盟的阻礙。若土耳其加入歐盟，庫德族和土耳其長久以來的紛爭，也將是歐盟要面對的大麻煩。

土耳其街頭的披薩店，穆斯林婦女照常吃著西方食物。

## ◎經濟

土耳其正在崛起的經濟勢力不容忽視，二〇一五年的經濟成長率達三・八%，比起許多歐盟國家還要好。新興市場引進許多外資和勞工，是一個相當活躍的投資環境，農產品、紡織品、汽車工業、家電和建築材料都是主要的產品。土耳其在二〇〇五年就躋身世界第十七大經濟體，人均所得較往年成長了六倍之多。根據富比世調查，二

○一四年伊斯坦堡擁有十億美元身價的富豪就有二十八位，僅次於紐約、莫斯科和倫敦，位居世界第四。

土耳其若加入歐盟，也意味著將有七千八百萬的人口加入整體消費市場；土耳其年輕的人口結構，也將為整個體系注入大量的勞動力。

另一派卻認為，土耳其的經濟狀況仍比不上許多歐盟國家，二○一五年的人均所得僅逾一萬一千美金（約台灣的一半），是整個歐盟平均的三分之一而已，土耳其的加入只會拖垮歐盟的財政。況且，土國經濟雖然急速成長，但財富分配不均，貧富差距極大，加上一四．五％左右的失業率，將會有數以千萬計的窮人和移工西進其他歐洲國家，讓原有約一千萬土耳其移民的歐洲局勢更加複雜化。

## ◎歷史、宗教與文化

土耳其是伊斯蘭世界中最世俗且開放的國度。接受土耳其成為歐盟會員，將增加歐盟自由和多元的象徵性價值，這是一個化解民族偏見和宗教衝突的大好機會，不管是歐洲人對待土耳其人、賽普勒斯問題，或土耳其境內的庫德族問題。

土耳其的歷史，自十五世紀鄂圖曼帝國跨越博斯普魯斯海峽之後，就與歐洲密不可分。以土耳其豐富的歷史文化遺產來看，無可否認的是歐洲的延伸。在推翻帝制建立共和國後，凱末爾的西化政策，不僅視歐洲為建立制度的學習對象，人民生活也逐日貼近歐洲國家的思維。

但也有人主張，土耳其的歷史，追本溯源是建立在中東和阿拉伯地區。土耳其人在許多團結歐洲國家的歷史進程中缺席，如啟迪歐洲文化的文藝復興時代，到第二次世界大戰共同作戰的民族情感。再者，在歐洲歷史上，土耳其一直是外來的異族和侵略者。身為一個穆斯林佔總人口百分之九十八的國家，儘管世俗化程度高，但對土耳其人民來說，實在很難徹底融入基督教文化深植的歐洲價值觀。

## 只是想要有更好的生活

「土耳其政府就經濟發展的誘因，極力想要加入歐盟，但普遍土耳其人民的想法又是如何？會不會有人認為，土耳其根本不需要向他們靠攏呢？」我問梅爾達。

「就貧富差距這個現象來看，普遍的土耳其人會想去歐洲追求更好的工作和生活環境，即使那個環境目前對我們仍不算太友善。但對於許多貧窮的、來自偏鄉的土耳其人來說，已經比在自己家鄉的現況好很多了。歐洲國家只是地緣上對土耳其是親切的選項，如果有別個提升生活品質的選擇的話，我想，土耳其不一定非要加入歐盟不可。」

土耳其的歐盟之路，就像一場貓捉老鼠、永無止境的遊戲。面對入盟的苛刻條件，土耳其始終處於一種乞求的姿態。歐盟像是老大哥一般，偶爾給你點甜頭嚐嚐。

由於ＩＳＩＳ和內戰爆發的敘利亞難民潮，歐盟期盼土耳其能夠提供更完善的安置計畫，比如提供難民更好的生活場所、教育和就業機會等等。歐盟的盤算是，一旦難民能在土耳其擁有好的生活品質，也就不會想要遠渡重洋，到文化差異更大的歐洲討生活，歐盟也就減少了一個重擔。

如果土耳其允諾的話，得到的則是龐大的援助款，和土耳其公民在申根區的免簽優待，甚至再見到加入歐盟的一線曙光。

土耳其的處境很奇妙。他們信奉伊斯蘭教，卻沒有阿拉伯世界在宗教和政治上的極端保守氛圍；土耳其人和歐洲人一樣瘋足球，在國際賽事上參加的是歐洲國家盃，卻因為在經濟、文化上與歐洲有著不小的差異而難以被認同。

土耳其是名副其實的小亞細亞的孤兒。

土耳其人跟歐洲人一樣瘋足球。圖為販賣土耳其足球俱樂部旗幟的小販。

# 在德國的土耳其人

在青年旅館放下行囊後，漫步在柏林的赫爾曼廣場（Hermannplatz）周圍，我不時聽見從我身旁經過的行人正用土耳其語交談。我甚至懷疑，走完一個街區，聽到土耳其語的頻率比德語還高。

坐在廣場上津津有味地吃著淋上咖哩粉和番茄醬的德國香腸（currywurst），廣場旁的土耳其雜貨店裡，賣著各種土耳其品牌的零食和飲料，連「Turkcell」（土耳其最大電信公司）的電話卡都能買到。

一會兒，我身旁來了一個土耳其家庭，爸爸牽著剛放學的女兒，媽媽推著嬰兒車，上面坐著一個襁褓中的嬰兒，包著頭巾的奶奶和幾個女人像是剛採買完，來這裡跟他們會合。他們大聲說著土耳其語，話題全圍繞著兩個可愛的小孩。看著這幅景象，我感覺似乎沒有離開土耳其。

## 德國，擁有最多土耳其移民的國家

赫爾曼廣場位在柏林被稱為「小伊斯坦堡」的十字山區（Kreuzberg），和新克爾恩區（Neukölln）的中間。柏林市約二十萬的土耳其人口，主要聚集在這兩區。然而這個「小伊斯坦堡」，某種程度上其實是負面的標籤，代表在德國的土耳其人形成擁有自己餐廳、銀行、廣播電視，甚至學校，自成一格的封閉社會。土耳其裔的居民幾乎可以過著和在土耳其並無太大差異的生活。

德國是除了土耳其境內，擁有最多土耳其人口的國家。目前大約有三百萬名土耳其人居住在德國（包含父母雙方或其中一方來自土耳其的後代），其中已經有超過一百五十萬人取得德國公民的身分，佔了德國移民人口之最的百分之二十二，全國總人口的將近百分之四多。土裔族群成為德國最大的「少數民族」。

道地的土耳其軟糖（lokum），非常甜，通常得配茶吃。

土耳其人也熱愛醃漬食品，尤其是蔬果類，和東方國家很相似。

德國之所以形成大量的土耳其移民社會，來自於西德政府在六〇年代與土耳其政府簽訂的勞工政策。

二戰過後，德國積極地進行戰後重建，製造業、汽車工業、營建業蓬勃發展。企業開始向政府要求引進外籍勞工，來應付龐大的生產需求。德國起先向鄰近的義大利、南斯拉夫、希臘等國尋求協助。此時的土耳其面臨政局不穩所帶來的經濟蕭條，失業率居高不下，土國政府便主動向德國提出他們也能輸出勞動力。

兩國在一九六一年簽訂「德國勞務市場向土耳其招聘勞動力協議」，土耳其勞工在德國填補重勞力、低技術、重複性的生產勞動缺口，而條約中明定，所有勞工在兩年期滿後必須返回土耳其。

然而，德國的企業卻發現，這樣的做法使他們每兩年就要再招收和訓練一批新的勞工，造成額外的負擔。在經濟掛帥的時代，德國政府最後便廢除此項條款，原本被稱為「客工」的土耳其外勞，漸漸將生活重心轉往較優渥的德國。幾年後，德國開放了依親政策，大量的土耳其勞工變賣了在土耳其的家產，有家庭的乾脆舉家遷到德國生活，土耳其人的德國移民史就此展開。

## 移民之路的真實剖白

麥特的女朋友梅爾達，她的外公就是移工熱潮的其中一名。曾經在安卡拉郊區的一座武器工廠當技師，也到高職教過電子機械，在當時算是收入不錯的階級，也沒有金錢上的煩惱。只不過，當時到德國工作已被認為是一種「高尚」的象徵，梅爾達的外公決定去闖闖。

一九六二年，他在德國西南部鄰近法國的小鎮拉姆斯泰茵（Ramstein）的工廠找到工作。兩年後，帶著全家大小一起搬過去，當時梅爾達的舅舅和媽媽都還未進入學齡。

搬到德國生活後，隨即發現自己並不那麼「高尚」。在安卡拉住的是有花園的透天厝，來到德國卻得一家人擠在工人宿舍，連自己的床都沒有，空間小到只能在廚房打地鋪。梅爾達的媽媽上學後，因為族裔關係在學校被德國人霸凌，來自移民家庭的小孩只能團結在一起，彼此間感情較好。

許多來自土耳其鄉下的勞工家庭，要融入經濟快速發展和民情完全不同的西德社會非常不容易，這些第一代的土耳其家庭雖然住在德國，卻延續土耳其的生活方式，自成一個社區。女性仍舊包著頭巾，外出需由家族男性陪同，甚至不能隨意與陌生男子交談。與德國社會迥異的文化，讓他們顯得格格不入。來自土耳其家鄉的閒言閒語，更是阻礙移民家庭進一步融入德國社會的原因。

梅爾達的外公在這樣的壓力下，持續在德國待了二十五年。當時的移工多是為了高出數倍的薪資和退休金，努力對不堪的移民生活妥協。一部分人準備拿到退休資格就返鄉，另一部分人則以取得公民身分為目標。梅爾達的外公一家人便放棄了德國公民

伊斯坦堡平民社區一景。早期移民到德國的土耳其人，過的仍是與德國文化迥異的生活。（蔡雯潔 攝）

資格，在一九八六年帶著豐厚的退休金回到土耳其。

留在德國的第一代土耳其移民，為西德在六、七〇年代創造的「經濟奇蹟」做出貢獻後，漸漸在經濟市場退出。他們彼此間仍習慣說土耳其語、喝土耳其紅茶，關心的是祖國新聞，本質上認定自己理所當然是土耳其人。但這些移民的第二、三代在德國出生、就學成長，除了血統與些微外貌上的差異，他們卻是德國人的思維方式。老一輩與新一代年輕人對於價值觀的拉扯，也造成許多的家庭問題。

土裔德籍導演法提．阿金（Fatih Akin）所執導的電影「愛無止盡」（Gegen die Wand），敘述移民第二代土裔女性西貝爾，為擺脫古板父母的傳統束縛而自殺未遂，遇上同樣因失業而嘗試自殺的德國男生凱伊，西貝爾於是請求凱伊與她假結婚，藉此擺脫她的父母。

西貝爾和凱伊同居，卻各過各的生活，西貝爾能充分地享受自由——喝酒、跳舞狂歡，甚至交男朋友。凱伊卻發現自己愛上了西貝爾，在醋勁使然下意外殺了她的男朋友。此片奪得二〇〇四年柏林影展最佳影片金熊獎，土耳其移民在德國社會的種種問題，也在鎂光燈下浮現。

## 土裔後代的兩種極端

當我提到要去柏林旅行的時候，土耳其朋友總要我小心那邊的土耳其人：「你有所不知，德國的土耳其人在當地惡名昭彰，有些人因為德國的社會福利補助變得好吃懶做，讓德國人瞧不起。」

梅爾達說：「我的朋友不久前也到柏林玩，當他們排隊要進入一間酒吧，保全查看護照，發現他們是土耳其人就被阻擋下來。他們用英語對保全說：『我們不是當地的土耳其移民，我們是從伊斯坦堡來觀光的。』保全卻回答：『那有什麼差別，你們土耳其人不都一樣只會惹事生非，我不會讓你們進去的。』」

根據德國的社會福利政策，任何德國公民只要無法找到合適的工作，每個月就可以領四百八十二歐元（約台幣一萬七千元）的失業救濟金，而且房租、水電瓦斯、公共交通和勞健保等費用全由政府埋單。若有十八歲以下的小孩，每個月還可多拿兩百歐元（約台幣七千元）的補助。優渥的補助費，成為許多移民不想工作的藉口，千方百計想要合格申請到補助款。

「有能力工作的壯年人會裝病，對來訪視的社工聲稱因為生病而無法找工作，繼續領著救濟金過生活。」梅爾達說，「他們還不停生小孩，或是從土耳其親戚那裡借小孩來呈報，進而領取更多補助。有些家庭同時有七、八個甚至十個未滿十八歲的小孩，不用工作，一個月的收入就高達兩千多歐元，還不用繳任何房租和燃料費，能完完全全運用那兩千歐元過悠閒的生活。」

儘管有學者認為這不完全是壞事，土耳其移民對於全球生育率最低之一的德國貢獻不少新生兒，在未來的幾十年，德國人口結構中將大幅增加土耳其裔的比例。但若他們的下一代也抱持「不用工作，還能過不錯的生活」的態度，將造成德國社會更大的負擔，而德國人對於移民的反抗態度將更加強硬。

不過，也有一部分的土裔後代，如今在德國社會逐漸扮演穩定且重要的角色。有別於第一代移民普遍以勞力和賣「土耳其旋轉烤肉」維生，世代的更迭與良好的教育，讓土裔的年輕一輩也能在文學、影視、藝術、政治、體育等各個領域嶄露頭角。

德國足球國家隊中場歐齊爾（Mesut Özil）、以「愛無止盡」榮獲德國電影獎最佳女主角和參與影集「冰與火之歌：權力遊戲」演出的西貝爾（Sibel Kekilli）、擔任綠黨黨魁之一的傑姆（Cem Özdemir）等，都來自於土耳其家庭。

許多新崛起的土裔作家或導演，以雙重的身分和兩國的文化視角來呈現他們的作品，成為德國移民社會中展現多元文化觀點的一道新勢力，讓移民問題能夠一再浮上檯面，藉由大眾更能接受的藝術角度，探討這些不可被忽略的社會議題。

## 競爭優勢與國族認同下的返鄉潮

我在伊斯坦堡大學交換學生開學的說明會上認識了費麗茲，她念的是醫學院。在學校的講廳裡，工作人員稍微做了統計，這個學期一百六十位的國際交換學生中，有八十多位來自德國，超過了總數的一半。費麗茲就是其中一位。她的爸爸是土耳其人，在六〇年代移民到德國，媽媽是德國人。

我好奇地問她：「為什麼這麼多德國人來土耳其念書？」

「有兩種可能性。第一，一部分人像我一樣，來自土耳其的移民後代，藉這個機會『回家』。第二，土耳其人口在德國已經是社會結構重要的一部分，德國人也開始想要更了解土耳其。」費麗茲說，「我雖然是半個土耳其人，卻不太會說土耳其語。這趟來伊斯坦堡當交換學生的其中一個目標，就是一年後能用土耳其語溝通。」

費麗茲後來成為我的鄰居，就住在古董街尾的轉角，她不時會到我們的公寓拜訪。不到半年的時間，我問起她的進度如何，她說，她已經可以和只會說土耳其語的奶奶對話，聊學校、聊德國、聊生活。費麗茲的室友蘇珊是土耳其與荷蘭混血，她們規定在住處只能用「母語」——土耳其語對話，因此進步神速。

我跟她聊到電影「歡迎來到德國」（Almanya）裡，那個移民第三代的小男孩傑恩克（Cenk），他在學校和同學踢足球，分成兩隊（德國對土耳其），但年紀較小的傑恩克卻不被兩隊接納。德國同學說，你是土耳其人；土耳其同學也說，你不會講土耳其語，所以不是我們的人。傑恩克因此跟同學大打出手，他的祖父便規劃了一趟全家族的返鄉之旅。

「我就是這樣！來到伊斯坦堡前，我只會說德語，過的完全是德國人的生活，但我的身分讓我感覺是個外來者。來到土耳其，大家又覺得我是德國人。」費麗茲說。

年輕一輩的土耳其移民，一方面希望保持祖籍帶給他們的文化習俗，另一方面為了更好的生活，卻也不得不融入德國社會。近年來，已經有許多在德國的土耳其家庭，因為後代在「國族認同」上的兩難，而考慮返回土耳其發展。

移民的身分使他們即使擁有良好的教育和專業，仍舊面臨「玻璃天花板」（Glass Ceiling）的障礙，不容易晉升高位。社會中潛在的排外主義和國族認同的推力下，促使他們想回到土耳其，尋求更好的發展。這個返鄉潮不全然是因為他們在德國無法徹底地融入社會，而是在土耳其，他們或許有更好的競爭力和發展機會。

在德國出生的土裔年輕一代，擁有跨文化的背景與視野，他們已經習慣在不同的環境間轉換，有很強的適應力和國際移動能力，德語、土耳其語再加上英語，是他們回到土耳其的優勢之一。費麗茲就是最好的例子，她現在能流利講這三種語言，加上她的醫學專業。

「那妳有打算畢業後回土耳其發展嗎？」我問。

「對我來說不太可能，畢竟我媽媽是德國人，我的朋友、生活圈都在德國。回來土耳其，是為了讓我加深對這片土地的情感。我和大多數的移民家庭一樣，儘管他們的父母都是土耳其人，德國仍舊是將來生活的重心。因為要放棄德國習慣和熟悉的一切，回到土耳其重新開始，不是個簡單的過程。」費麗茲說。對出生於德國的土裔後代來說，「土耳其」已經是一個抽象的國家名詞了。

「還有你知道的，我的男朋友是越南裔德國人。如果我們未來有小孩，回土耳其的話，這個孩子需要面臨的問題比我們更加複雜。」

## 深夜裡的小吃店

德國是歐洲移民人口最多的國家之一，各種膚色人種來這裡尋求更好的發展。街道上，有來自世界各地的異國美食，可以大啖豚骨拉麵、逛土耳其市集、吃道地的越南河粉和泰國菜，甚至喝到台灣珍珠奶茶。對我來說，來到德國感受最深的，不是華麗的皇宮、博物館或教堂，而是移民社會形成的多元庶民文化。

每當我走進一間餐廳或店家，他們看見外來面孔，仍舊毫無疑問地對我說著德語，當我表明不是當地人後，店員便自然而然親切地轉換成英語。雖然我沒有在德國長期生活的經驗，但就語言這方面，可以感覺到德國人對於外來者的友善。他們對所有人一定先說德語，若不能溝通，才換成英語。這是一個移民大國對於人的尊重，代表身為德國人，不關乎種族和膚色。

某天深夜，我因為肚子餓來到亞歷山大廣場（Alexanderplatz）的百貨區附近覓食。然而在歐洲，天黑後能找到還開著的店家就謝天謝地了，更何況是半夜將近一點？雖然不抱著任何希望，我卻在廣場上看到一個亮著小燈的水果攤，老闆和朋友正用土耳其語交談。不遠處有一間土耳其烤肉店，走進一看，竟然人聲鼎沸還要排隊。店員和

伊斯坦堡的雜貨店與市集水果攤一景。（上圖為王紀友 攝）

客人說德語，彼此間說的還是土耳其語。飲料櫃裡賣的是土耳其品牌的飲料和酸奶。

因為吃膩了土耳其料理，我猶豫了一會兒，決定再繼續找找看，結果在空蕩蕩的地鐵站內發現一家亞洲快餐店。店員看起來是東南亞裔，由於語言不通，花了不少時間才成功點了一道雞肉炒麵。

能在這個時候找到合胃口的小吃，讓我感觸很深。歐洲國家的外來移民，也許有人因為福利太好而好吃懶做，但你也會發現，城市裡最認真工作、服務人群的，也大多是這些移民者。或許社會對他們的刻板印象和歧見，讓這些人不得不比別人更付出自己吧。

第五部

# 熱氣球與玫瑰田

## 走踏中部、西南部

土耳其的美麗是無庸置疑的，
卡帕多奇亞的奇岩怪石和熱氣球、安塔利亞陽光普照的愛琴海岸，
或是厄斯帕爾塔的大馬士革玫瑰花田，
種種人文風光，讓在地人和觀光客都神怡心醉。

卡帕多奇亞奇岩地形與熱氣球。

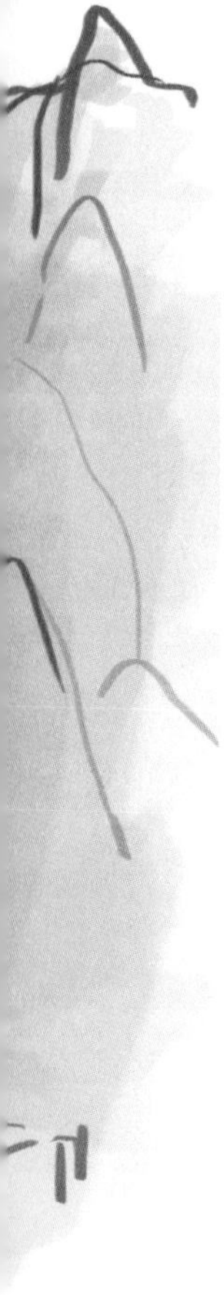

# 卡帕多奇亞：奇岩怪石荒漠之旅

微冷的四月初春，我的兩位高中好友阿嘎和老宋，趁著假期來到土耳其找我，我們規劃了一趟以奇岩怪石和熱氣球著稱的卡帕多奇亞（Cappadocia）自駕車之旅。

我們一起從伊斯坦堡出發，搭飛機前往距離目的地最近的內夫謝希爾（Nevşehir）機場。內夫謝希爾幾乎位在土耳其國土的正中心，人口將近三十萬，算是中小型城市，從伊斯坦堡出發的飛行時間約九十分鐘。

卡帕多奇亞是荒漠的自然景觀，景點之間都有一定的距離，搭乘班表固定的大眾交通工具時間上比較被動，而自行開車能彈性控制行程的長短和路線，也有相當大的自由度能隨時停車欣賞奇岩怪石的壯麗景色。於是我在租車網上預訂了一台雷諾雙門小車，可以在機場取車和還車。

## 我忘了帶國際駕照！

飛機降落在內夫謝希爾時，天色已經暗了。機場規模雖小，但整體設施不算太老舊，讓我想起幾年前去馬祖打工換宿時對南竿機場的第一印象——像是時光倒退二十年的巴士轉運站。因為是國內線機場，沒有海關櫃檯，行李輸送帶也只有一條。乘客就直接從飛機走下來，穿過航廈，拿了行李便可以離開。

卡帕多奇亞因火山和風化等侵蝕作用形成的土色岩石奇景，彷彿到了另一個星球。

張望了許久，仍然沒有看到我當初預定的租車公司的櫃檯，於是問了站在機場門口的警衛。

「這裡沒有這家租車公司啊。」警衛把煙蒂熄掉說。

「什麼！怎麼可能！難道我被騙了嗎？」我擔心在網站上直接刷掉的三天租車費用付之一炬。阿嘎和老宋一聽我翻譯，臉都綠掉了。

「你有電話嗎？我打去幫你問問。」警衛先生好心地想幫我解決問題。我把手機遞給他，電話另一頭的人問了我的名字。原來這家公司在機場沒有設櫃，是由專人把車子開到機場，直接在停車場等待客人。警衛先生告訴他我們的位置，負責人五分鐘後拿著寫著我名字的牌子出現在我們眼前。原來他在另一個出口等我們。

放眼望去，約有十組已經拿到車子的旅客開著車陸續離開，只剩下我們這組唯一的亞洲遊客。負責人跟我要國際駕照，我才想起我把它忘在伊斯坦堡的家中。三人又是一陣慌亂，這下什麼事都做不成了。老宋和阿嘎站在一旁，和另一位交完車的負責人聊天，我則待在車上和我們的負責人試圖解決問題。

「我知道有點蠢，但可以用護照代替嗎？就當作駕照抵押在你們這裡。」我知道土耳其人的行事作風，所以很無賴地試探看看。

「真的沒辦法，必須要有能證明你會開車的證件。我真的很想幫忙，但被抓到的話，我們會被罰錢。」負責人無奈地說。

兩人在車內靜默了幾秒鐘，我忽然想起有國際駕照的翻拍照片，便拿出手機拍的照片給他看。他面有難色地說，必須要有實體文件才可以。

「欸，對了，你有帶台灣的駕照嗎？」他說。

我趕緊拿出皮夾檢查，「有！」還好我從來沒把它從皮夾中拿出來。

「那我就用你的台灣駕照做登記吧，這樣應該沒問題。」

雖然駕照上都是中文，但他說沒關係。他接過去，把我駕照上的身分證字號抄了下來就還給我。

「這樣就好了，車子是你們的了！」負責人對我笑了笑。

「什麼？那跟我剛剛給你看的國際駕照上的號碼是一樣的啊。」

「沒關係，我只是要看到實體證件。」他把鑰匙遞給我，和他的同伴向我們揮揮手，就開著他們自己的車離開了。對了，他給我們的車是四門的，空間上似乎是升級了，所以我也沒跟他詢問。

## 陌生人搭便車和不尋常停電事件

老宋和阿嘎上了車，正當我們慶幸著莫名其妙解決了一項難題後，漆黑空曠的停車場上突然出現一名中年男子，敲了敲我們的車窗。直到此時我們才發現，四周已經空無一人，整座停車場只剩下我們這台車。

「我可以搭你們的車嗎？」中年男子用不太流利的英語向我們問話，帶著濃濃的土耳其口音，我猜他是當地人。

在這樣的荒郊野外出現一個陌生男子要搭我們的車，實在是風險很大。我們沒回應他，甚至只敢用眼睛餘光瞄向在外等待答覆的他。

「不要吧，萬一他劫我們的車怎麼辦？」老宋說。

「土耳其槍枝普及率高嗎？」阿嘎問我。

「我不知道，其實他不必有槍，亮刀我們就死定了。」我回答。我們的腦中浮現像電影裡在荒漠公路被劫車然後棄屍的畫面。

「那我們走吧，不管他！」我轉動鑰匙，想發動車子直接開走。結果試了五、六次竟然發不了車！我們三人當場傻眼。

「需要我幫忙嗎？」男子繞到駕駛座這邊問我。

「呃……好啊。」我沒等兩位同伴反應，就直接把車門打開，他踩著煞車試了一次就成功了。但……我的程序也都一樣啊?!

「你們要去格雷梅（Göreme）吧？我只要到內夫謝希爾市區，中途會經過，拜託載我一程。」男子向我們求情。

我們此時才看清楚他的臉，好吧，看起來不像壞人。我們這樣安慰自己，就答應他了。畢竟他剛才幫過我們，若要下手早就動手了吧。

車子離開機場沒多久就下起雨來，加上沒有路燈的漆黑道路，又讓我們惴惴不安起來。男子的名字叫卡帝爾，跟還在擔心安全的老宋一起坐在後座。老宋很不夠義氣地裝睡，像鴕鳥一樣以為把頭埋進土裡就沒事了。副駕駛座的阿嘎幫忙用手機找路，卡帝爾不太會說英語，所以也沒辦法聊天。於是我只能邊開車，邊試著找話題化解尷尬和恐懼。

「大哥，你在機場工作嗎？」我用土耳其語跟他說話。

「哇！你會說土耳其語，太好了。你們是日本人嗎？」

「不是，我們從台灣來，但我已經在伊斯坦堡待了八個月。」

「我是旅行社的人，有時候太晚送完客人沒有巴士回家，所以不得不攔車。」他不好意思地說。

「這裡開車會危險嗎？像我們這樣自駕車旅行的人應該蠻多的吧？」我問。

「是不會危險啦，畢竟車子很少，路也夠寬敞，但天色黑了就很容易錯過岔路口。」卡帝爾說。

老宋這時似乎放寬心地醒來。他後來跟我們說，他看到卡帝爾的皮夾裡放著老婆和小孩的照片，這才相信這個陌生男人應該不會對我們下手。「有家庭的男人比較不危險。」老宋後來說，「而且我想了想，我們三個大男生應該也打得過他。」

雨中夜晚的路的確不好找，要不是有卡帝爾大哥指引，我們應該很難靠時常出錯的手機定位順利前往市區。我們放他在一棟住家前面下車，他說反正他下了班沒事，可以開車領我們去格雷梅的飯店區。

我們跟著他的車，很輕易地在迂迴峰轉的山路和岩石間抵達下榻的飯店。他搖下車窗跟我們揮揮手就離開了。

「還好有他在，不然在這樣的雨天根本找不到路。」老宋說。

「是誰剛才在裝睡的？」

格雷梅是卡帕多奇亞地區的交通樞紐之一，也是飯店和商家聚集的地方，這裡幾乎所有的飯店房間都是利用地形優勢、在岩石裡挖洞建成，以體驗「穴居」為噱頭吸引觀光客。但來到我們的「洞穴」後，發現房間裡竟然沒有電，所有的燈都不會亮。等了一會兒，櫃檯人員來告知，因為伊斯坦堡發生挾持事件，發電廠遭到破壞，全國很多地方都大停電。

飯店的工作人員拿來蠟燭，至少讓房間能明亮一些。沒有燈、沒有網路，看來這下子我們真的體驗到古代沒有電的穴居生活了。我們三人坐在洞穴前的陽台上，地勢還算高，可以一覽城市的部分景色。

在經歷陌生人搭便車和不尋常的停電事件後，眼前的奇岩怪石在黑暗中散發著詭譎的氣氛，我們就在這樣惶恐不安的夜晚早早睡去。

## 紅線：露天博物館和香菇頭

隔日一早，我被因為時差而早起的兩個傢伙吵醒。那兩人穿著浴袍，坐在陽台前的長沙發上指著天空驚呼，原來是清晨時分的熱氣球集體升空了！五顏六色的氣球圖樣在如同月世界般顏色單調的岩石上空飄著，太陽漸漸從山的另一頭升起，如此景色實在是太美了！

我們早在入住的第一天，便和飯店預訂了熱氣球的行程，因為旺季的熱門程度有時還會供不應求。通常飯店都會和當地的熱氣球業者合作，而價格也反映在入住飯店的等級上，一個人從八十歐元到兩百歐元都有。但價格的差異不一定直接反映在熱氣球的品質上，畢竟所有要飛上去的氣球都得通過安全檢驗，而且各家業者一定得依照當地的天氣標準施放，若天候不佳，沒有任何一家熱氣球公司能自行升空。

卡帕多奇亞除了熱氣球外，另有三種分別以紅、綠、藍線命名的路線玩法。以內夫謝希爾市區為中心，繞行東北邊的紅線，以欣賞因火山地形和風化等侵蝕作用而形成的奇岩怪石、露天博物館為主；往西南邊繞行的綠線，則以地下城市和溪谷健行聞名；藍線往東南的方向走，沿途可以欣賞散落各處的岩石教堂。

用過早餐後，漫天的熱氣球早已一一落地，我們選擇紅線開始，開著車前往格雷梅露天博物館（Göreme Open Air Museum）。

露天博物館位在一個被岩石包圍、地形起伏的小峽谷當中，其中的洞穴教堂和修道士居所是這裡的參觀重點，無論在自然景觀和基督教文化兩方面都有獨特的展現，在一九八五年列入世界自然和文化雙重遺產。

基督教創立的最初兩百年，在查士丁尼（Justinian）大帝解禁和信仰前一直被視為異端。羅馬帝國統治下長期的宗教禁令和壓迫，讓當時許多的信徒和教士因此殉道。

格雷梅的露天博物館。

四世紀開始，一群虔誠的基督徒為了逃離宗教迫害，來到這個人煙稀少的不毛之地，寸草不生的崎嶇地形具備良好的藏匿優勢，他們因此決定在卡帕多奇亞鑿岩而居，隱身岩洞中潛心修行。

洞穴教堂的活躍年代，落在十一世紀到十三世紀之間。各個教堂的命名如蘋果教堂（Elmalı Kilise）、黑暗教堂（Karanlık Kilise）、蛇教堂（Yılanlı Kilise），其實和教堂內容沒有太大的關連，例如蘋果教堂只是因為多年前教堂入口有一片蘋果園，黑暗教堂因光線不足而得名。教堂裡的濕壁畫，記載著基督教先知、聖人和耶穌的故事。

我發現露天博物館三十幾處的洞穴教堂中，有些濕壁畫的聖像被刻意抹去臉部，似乎是有意要打擊宗教偶像崇拜。很有可能是拜占庭皇帝利奧三世（Leo III），在八世紀展開的一波聖像破壞運動，咎因於當時教會的奢侈行為引起人民不滿。但聖像破壞運動距離這些濕壁畫的完成年代有些出入，因此我猜想，會不會是信奉回教的土耳其人入主安納托利亞地區後，發現了這些被視為異教的聖像濕壁畫，而信仰裡禁止偶像崇拜的伊斯蘭教徒便進行破壞？但為何沒有把所有的圖案抹去，仍是一個謎。

離開露天博物館，我們繼續依紅色路線往北前進，一路上都是光禿禿的土色岩石奇景，像是到了另一個星球。

露天博物館地形起伏大，要參觀必須爬上爬下，有些累人。

洞穴教堂中的濕壁畫。

在數百萬年前，卡帕多奇亞附近的埃爾吉亞斯火山（Mt. Erciyes）大量噴發，岩漿凝固後，上層較硬的玄武岩和下層較鬆軟的凝灰岩，因長時間雨水和風化作用的侵蝕速度不同，形成了許多頭大身體小的「香菇頭」岩景。其中著名的「精靈煙囪」、「駱駝岩」和「三姊妹岩」，都是因為外型而得名。

精靈煙囪。

駱駝岩。

## 如陸上蟻穴般的烏奇薩碉堡

在卡帕多奇亞的公路上開車，其實別有一番樂趣。路面寬大，車流量也不多，慢慢開著車欣賞窗外的岩石，看到新奇有趣的形狀就停下來拍拍照，偶爾會有小攤販在景點前兜售紀念品。

此時遠方出現一塊突兀的巨大岩石山，上面布滿了鑿出來的洞穴窗口，從遠處望過去，就像一個大蜂窩矗立在小丘上。翻了翻導覽地圖，那正是我們要前往的烏奇薩碉堡（Uçhisar）。

烏奇薩是位在格雷梅以南不遠處的一個小村莊，這裡的地勢較高，碉堡的所在地更是整個卡帕地區的最高點。我們開著小車，吃力地在僅能通過一輛車的小路慢慢繞上小丘，不時需要靠邊停下來會車。奇怪的是，碉堡明明就矗立在眼前，我們憑著方向感往所見的方向駛去，卻似乎一直在打轉，繞了好幾圈才找到通往碉堡的入口道路。

和一般對於城堡或碉堡的人工建築印象不同，烏齊薩碉堡是一座在巨大岩石中鑿洞、具備住宅與防禦混合功能的天然建築。進到碉堡內，可以穿梭在人工鑿出的洞穴房間，裡頭有臥室、廚房等活動空間。碉堡內其實看不出樓層的分界，房間的高低參差與排列方式，讓我彷佛置身於陸地上的巨大蟻穴。

洞穴與洞穴之間有些已經被石頭給堵住，據說是敵人入侵時把它封住的。我們循著階梯一路爬了將近七、八層樓的高

從遠處瞭望「烏奇薩碉堡」，就像一個大蜂窩矗立在小丘上。

度，來到了碉堡的頂層。往北的方向可以一覽無遺卡帕多奇亞的壯麗美景，後方則是村莊的平房。這座碉堡就像是保護村莊的瞭望台。

烏齊薩村仍有一些當地村民就住在天然岩石鑿穴的房屋裡，獨立的石頭上開了幾個小孔做為通風的窗戶，岩石前的平台上鋪著地毯和枕頭，一旁曬著剛洗好的衣服。這樣的屋舍在外觀上幾乎沒用到任何人工的建材，只有掛在岩石上接收電視訊號的小耳朵，顯得有些格格不入。

傍晚時分，我們回到格雷梅市區吃當地著名的陶罐燉肉（testi kebabı）。這附近的城鎮阿凡諾斯（Avanos）因土質關係，製陶產業相當發達，當地人便利用陶罐來料理食物，煮出來的肉也特別入味。

餐後在街上閒逛時，老宋看到一間賣土耳其浴用的浴巾店家，就進去參觀。老闆是一個很年輕的男生，他用英語跟我們推銷產品，但講沒兩句就感覺意興闌珊。

有時候在土耳其進到店家，我不會一開始就說土耳其語，因為偶爾可以聽到店員們的真實心聲。

我們在店內東看西看，老闆和他的朋

烏奇薩碉堡是一座在巨大岩石中鑿洞、具備住宅與防禦混合功能的天然建築。

友一開始在閒聊，後來自顧自地討論起來：「這幾個應該是日本人吧？那他們應該不會買，中國遊客比較敢花錢。」「不是吧，我覺得他們像韓國人。你看他，眼睛比較小。」

「我們是台灣人喔。」我用土耳其語跟他們說。

來到碉堡的頂層，可以一覽無遺卡帕多奇亞的壯麗美景。

洞穴民居。

有趣的是，每當店家發現亞洲人能說土耳其語，聊天的話題總會從原本的買賣內容轉換到國家或文化的討論。聊到後來，他們通常會忘記做生意，不然就直接打折，但也有很大可能會沒完沒了地問下去，所以得適時結束話題。

我們向老闆詢問附近有沒有酒吧，他說前方過橋後有一家，但似乎因為不是旺季而沒營業。我們只好回房早早就寢，隔天一早可是期待已久的熱氣球之旅呢。

格雷梅著名料理：陶罐燉肉。（段雅馨 攝）

## 熱氣球航行初體驗

天還未亮就被飯店櫃檯的電話鈴叫醒，熱氣球業者的巴士已經在飯店門口準備接人了。雖然是四月天，卡帕多奇亞乾冷的氣候仍教人直打哆嗦。我們被載到熱氣球公司用早餐，分好組序後，又乘坐巴士前往搭乘熱氣球的地點。

洩了氣的熱氣球停在山谷間的空地上，工作人員正在進行充氣等準備作業，加熱器不停地噴出熊熊火焰，瞬間照亮漆黑的夜色，讓寒冷的清晨添了些暖意。在方圓幾公里的視線內，你可以看見數十、甚至近百個氣球緩緩地膨脹開來，在奇岩異石的崎嶇地平線上形成突兀的弧線。大約半小時後，乘客們吃力地爬上高度及一個成人脖子的籃子，裡頭幾乎沒有什麼活動空間，只容小幅度的轉身。

每台熱氣球都會有一名駕駛、一名副駕駛，他們站在籃子的正中央控制著加熱器。有乘客問：「我們要往哪個方向飛？」

駕駛穆拉特笑著回答：「其實我也不知道。」

熱氣球的駕駛員只能控制高度，氣球本身沒有推進裝置，都是靠風向前進。此外，由於日間的太陽上升氣流較旺盛，容易形成亂流，加上陽光會使熱氣球內部溫度過高而發生溶解爆炸的危險，所以清晨和傍晚最適合飛行。卡帕多奇亞地區對於熱氣球的放行標準頗為嚴格，住我們隔壁房間的美國遊客就等了三天，都因為天候因素沒能搭到。

我們在微微的曙色中緩緩上升，周遭近百個色彩繽紛的熱氣球也幾乎在同一時間起飛。抬頭一

加熱器噴出熊熊火焰，氣球便慢慢膨脹開來。

籃子正中央的加熱器只能控制高度，方向全取決於風向。

色彩繽紛的熱氣球，緩飛在卡帕地區鬼斧神工的地形上，更顯風情獨特。

看，許多飛得較快的熱氣球已飄在我們頭頂，在灰藍的晨曦中，像是一群水母在深海裡優游。

由於熱氣球的前進方位是依賴風向，為了避免大家碰在一起，每台熱氣球的出發點都有一定距離。有些離我們較遠還沒起飛的氣球，在山頭的另一邊，圓滾滾的弧線就像是土地上剛發出的新芽。

我們依著風向往東北方前進，此刻太陽正從山邊探出了頭，不知不覺地，我們竟然懸掛在半空中看了日出。途中經過適合健行的玫瑰谷（Rose Valley），穆拉特說，在清晨陽光剛撒下時，也就是我們看到的當下，會呈現最美麗的玫瑰色。

駕駛為了讓每位乘客都能公平地欣賞到三百六十度的風景，會不時地轉換角度。時而降低高度，最近的距離和岩石相差不到五十公分，有時甚至刻意掠過山壁上寥寥無幾的草枝。

「別擔心，我只是想把籃子底清理一下。」穆拉特笑說。

駕駛員有驚無險地帶我們飛越玫瑰谷。

忽然間我們飛進了玫瑰谷，在狹窄的峽谷間前進，最窄之處伸手就能摸到山壁，阿嘎和老宋都覺得駕駛員在炫技，證明自己飛行技術的高超。雖然佩服，但一時之間也有些緊張，因為只差幾公分的距離就會撞上岩石。

不一會兒，穆拉特又把氣球拉高好幾百公尺，所有的房屋和石頭瞬間變成迷你版。在高空中，卡帕地區鬼斧神工的地形更是一覽無遺，不同質地的岩石在雨水和風化的侵蝕下顯得風情萬種，和從地面上開車經過時所看，又有不同的樣貌。有一石群被分解成密密麻麻的像是豬腦，另一邊的蕈狀岩石則集結成了香菇石林。

搭乘熱氣球能看見的景色，一方面靠運氣，風往哪兒吹就往哪兒跑；另一方面就是駕駛員調整高度和角度的技術了。好的駕駛員在熟悉風向、安全無虞的狀況下，多會臨場反應，針對遇到的地形給乘客驚喜的體驗。不然一小時的航程只是懸掛在高空中，景色又都相同，其實一下子就失去興致了。我想我們的駕駛員做得不錯。也因為技術層面高，熱氣球駕駛員在土耳其算是相當高薪的職業。

我們在不知名的小村莊上空，池塘閃閃發亮，霧氣繚繞，景致絕美。

航行過程中，副駕駛也一直用無線電與地勤人員聯絡，他們會開著卡車追隨熱氣球的路線，最終將熱氣球降落在卡車上頭。有時會看見，上頭的熱氣球在飛，底下的卡車也在地面上馬不停蹄地跟著，深怕錯失了「接球」的時機。

航程逐漸進入尾聲，陽光從一大片雲朵的縫隙中灑在前方不知名的小鎮上，清晨的霧氣繚繞，池塘水面像鏡子般映射到我們眼中。氣球一路往空曠的地方下降。

副駕駛拋下繩索，地勤人員接住後便奮力地把籃子導向卡車的方位，駕駛一面加熱控制氣球的高度，最後幾乎無感地降落在卡車上頭。大家響起掌聲，為駕駛的完美落地喝采。

他們拿出當地產的香檳和葡萄酒，與我們一同慶祝。最後駕駛一一唱名乘客，頒發「熱氣球飛行證書」。

## 綠線：古墓奇兵般的地下城市

我們被接駁巴士載回旅館，時間才早上八點多，便決定先睡個回籠覺，再出發前往綠色路線上的兩座地下城市。

離開格雷梅，往南開了將近二十公里，途中經過許多迷你村莊，村裡面看似鬧區的茶館和公車站前，都是無所事事、坐著抽菸、喝茶聊天的中年老年男子。阿嘎問：「他們不用工作嗎？為什麼街上一個女人都沒有？」

「土耳其中部地區比較保守，父權觀念也相當理所當然。女生很有可能不被允許隨便在街上拋頭露面，不然就是待在家裡帶小孩和做家事。」我放下車窗玻璃，看著街上清一色的男性，他們也好奇地往我們這邊觀望。

我們先抵達的是凱馬克勒地下城（Kaymaklı Underground City），另一座大型的地下城德林庫尤（Derinkuyu Underground City）在它南邊大約八公里處，據說兩者之間有幾處相通的隧道連結。

卡帕多奇亞地區有數十座大大小小的地下城市，據說在西台文化時期（西元前十七世紀到前十二世紀）就有了雛形。到了七世紀，基督徒用以躲避拜占庭帝國和阿拉伯帝國戰爭時穆斯林的迫害。甚至十四世紀蒙古帝國入侵時，當地的基督徒仍賴以做為長期避難用。

「凱馬克勒」和「德林庫尤」是最具代表性的兩座地下城市。能被稱做「城市」，當然具有一定的規模，凱馬克勒地下城能同時容納兩千名居民；德林庫尤則深達六十公

地下城市彷彿真實版的巨型蟻穴。

許多狹窄隧道只能容一人蹲低通過。

尺，裡面除了居所，甚至有教堂、學校、儲藏室、墓穴，估計可容納兩萬人。

原本從路面進入洞口還嘻嘻鬧鬧的我們，隨著高度愈往下，通道愈窄，心情也開始緊張起來。許多地方只能容一人蹲低通過，許多洞穴也無法直立。一條又一條的窄道連接各種功能的空間，有些地方的天花板和牆壁被煙熏得焦黑，地上也有陶罐放置的凹痕，應該是廚房的所在地。

地下城市簡直是真實版的巨型蟻穴，如果有幽閉恐懼症，可能很難在下面待個一時半刻，沒有方向感的話，也很容易一直在原地打轉。地下城雖然深達八層樓，但只對外開放四層樓。我們不時就看見往下延伸的狹窄黑暗隧道，前進沒幾公尺就放棄，因為錯綜複雜的地下城中雖然大多有標示，但我們參觀時人數稀少，也沒看到工作人員，如同「古墓奇兵」般的場景讓人不敢輕舉妄動，深怕進入回不了頭的通道。

有些洞穴之間也像在烏齊薩碉堡時看到的一樣，被巨石封住了，原來當敵人來襲時，居民會利用槓桿原理封住路口，阻止敵人前進。此外，洞內也有許多機關陷阱，在沒有燈光照明下就會摔下去，現在則用鐵欄杆蓋住，以防止有遊客掉入。

地下城在古代便設有多處連接地面的通風系

卡帕地區有名的蕈狀造型石頭飾品。

統，所以空氣一直在流通，一點也不會感到呼吸困難。但沒有陽光是一大問題。對地下城的居民來說，食物能事先準備與儲藏，最艱難的挑戰就是得在幽閉的空間長期生活，所有的事物都是克難的，還得隨時注意地面敵人的動向。

相較於凱馬克勒，德林庫尤地下城或許是建設規模較大的緣故，通道和洞穴空間寬敞許多，但也就少了點探險成分，比較不能體會從前基督徒藏匿避敵的心情。

我們在德林庫尤外面的露天攤販買了土耳其烤餅（gözleme）當點心，有馬鈴薯和菠菜口味，搭配土耳其紅茶。

一車韓國旅行團參觀完後到附近的紀念品街上挑東西，販賣商品的大嬸笑得合不攏嘴。我們飽足後要走去開車，看見一位年紀很大的老奶奶坐在停車場旁擺攤賣紀念品，她主要賣的是自己用棉布手工製作的娃娃，但看起來太詭異了，我們只選了幾個到處都買得到的卡帕地區有名的蕈狀造型石頭。

## 藍線：大雪山和山壁穴居

隔天一早被清真寺的喚拜聲吵醒，不過這應該是今天的第二喚了，因為已接近上午九點鐘。格雷梅唯二的清真寺的喚拜聲彼此呼應著。

很難想像，一千年前這裡還是基督教徒的庇護與修道聖地，如今這片土地上卻哼頌著伊斯蘭教的樂音，還有成千上萬的觀光客穿梭在地底的洞窟和飛行在熱氣球上。

飯店的幾名工作人員知道我會說土耳其語，利用等候最後一批用早餐的客人而多出的空閒時光，走過來攀談。他們都還是大學生，在內夫謝希爾當地的大學就讀休閒觀光系，因為是最後一年了，就趁沒課的時候來飯店打工，順便當作畢業實習。他們卻都不是當地人，一個從北部靠近黑海的城市阿瑪斯亞（Amasya）來，另一個則來自東南方靠近敘利亞的大城馬爾丁（Mardin）。

他們說，卡帕多奇亞在多年前根本就還是一片人煙罕至的荒蕪之地，早期周遭只有一些葡萄酒莊，和以種植馬鈴薯為主的農民。十幾年前，卡帕地區奇特的地景讓當地人起了發展觀光的念頭，開始在這些從前沒人在乎的怪石頭上鑿洞，開民宿、飯店。引進熱氣球飛行後，全世界的觀光客都被這裡像是外星球般的景致給吸引過來，每年有將近百萬的來客量。忽然間湧入的人潮帶來可觀的收入，許多農民都因此一夕致富。

方圓十幾公里的幾個衛星城市，如格雷梅、歐塔奇薩（Ortahisar）、于爾居普（Ürgüp）、阿凡諾斯，居民因應觀光人潮的需求開了餐館、咖啡店和手工藝品店等，奇蹟似地帶動地方產業的興盛，使當地人更富裕。

「這麼多的觀光客，你們會煩嗎？」我試探性地問。

「反正這裡以前也沒太多人居住，只要不破壞自然景觀，能讓當地人繼續賺錢就好。」

我們今天沒有特別的計畫，用過早餐後翻開地圖，想說反正回伊斯坦堡的飛機在晚上，還有一整天的時間，不如就走走比較冷門的藍色路線，往東南方繞一圈回來，在車上看看風景也好。地圖上標示，沿路會經過幾處從前的絲路驛站，終點的小鎮旁也有幾座石窟教堂。

在沒有太多計畫和目標下，我們加滿油上路了。離開格雷梅後，開始感受到這冷門路線為何冷門了，不要說觀光客，連當地人的蹤跡都不見。地圖上標示的驛站到了，但似乎因為淡季沒有開放，只好悻悻然離開。

藍線公路旁的沙地高丘。

我們漸漸遠離卡帕多奇亞的岩石地形，從筆直的公路上放眼看去，只有一望無際不算豐沃的草原和光禿禿的山丘。天氣很晴朗，雲朵在陽光的照射下顯得層次分明，偶爾經過一批羊群，和幾處住家飼養的牛圈。

我們不擔心迷路，因為按照地圖的指示就只有一條路可以走。車子老宋在開，我和阿嘎現在該擔心的，是超速和車子故障的問題。雖然一路上幾乎沒看到車輛和路口，但以這樣的車速，路上隨便一個坑洞很可能就發生危險。老宋開著音樂，大聲哼唱著他的歌，不理會我們多次的警告。

開了許久，遠方出現一座雄偉的大雪山，皚皚白雪在陽光的漫射下，又或許是雲氣在山間繚繞，那座大山像是蒙上一層紗似地拓印在藍天白雲的背景中。眼前的美景，使我們看了一路同樣風景的疲態終於振奮起來。

「我們停在路旁拍照吧！」老宋興奮地說，把車駛離柏油道路，轉向一旁的泥地。我感到車速仍然不尋常地快，車身顛簸不停。

「開慢一點啦！」我和阿嘎異口同聲地說。

就在此時，車底傳來「喀」的一聲，車子就停下來了。我和阿嘎瞬間怒視駕駛。老宋也自知不妙，趕緊下車查看。車底下卡了一塊大石頭。

貴公子老宋於是整個人跪在泥地上，使勁地徒手要把石頭給拉出來。還好土質鬆軟，不一會兒，一顆直徑約三十公分的石塊被拉出了車底。但老宋的手似乎被地上的野草割傷，雖然沒什麼外傷，但他看起來很擔心。

就當作給他個教訓，我和阿嘎自顧自地用相機捕捉大雪山與曠野、藍天融成一體的絕美景色。

還好車子還發得動，不然在這種鳥不生蛋的地方，誰來道路救援？

阿嘎說他可以開車，但老宋堅持他要繼續開。不但車速放慢了，也安靜下來，悶悶

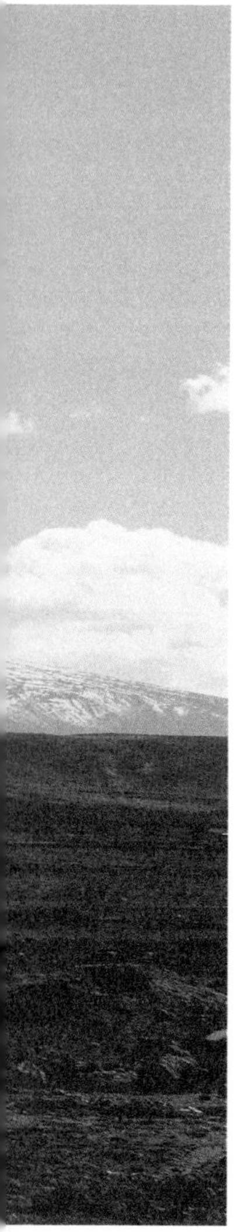

大雪山像是蒙上一層紗似地拓印在藍天白雲的背景中。

不樂地幾乎不說話，一直看著他隱隱作痛的手。

「萬一有毒怎麼辦？我會不會死在這裡啊？你幫我查一下那是什麼植物好不好？」開了將近半小時的路程後，他終於開了口。

「神經病！」我說，「最好這麼誇張。就叫你不要開這麼快了吧！」

「我知道了啦。」他回答。

空曠的景色漸漸消失，岩石地形又出現在我們的周遭，車子像是駛入了一個小峽谷，兩旁有土色的山壁，有些山壁上還有人工鑿過、類似窗戶的痕跡，看來從前有人在那裡居住過。但，是

一千年前，這裡還是基督教徒的庇護與修道聖地，如今有成千上萬的觀光客穿梭在地底的洞窟和飛行在熱氣球上。

什麼樣的隱士會願意不辭辛勞地爬上山壁，住在那裡呢？

有人說，也有可能是地形變動，那些峭壁上的居所看起來才會這麼遙不可及，事實上在古代就是一般的穴居。不過可以肯定的是，從前基督徒的生活不是那麼光鮮亮麗的。

據說卡帕多奇亞地區的岩石洞穴，直到二十世紀初，仍有希臘裔的基督徒住在裡面。土耳其共和國成立後，基於希臘和土耳其的人口大交換政策，這裡的希臘人全部被迫遷回希臘半島，所有的偏僻洞穴於是不再有人定居。

我們來到藍色路線的終點，一個叫做洋蔥（Soğanlı）的迷你村莊，看起來是為了觀光目的而存在的聚落，只有一間餐廳、一間公共廁所，和幾個婦女在賣手工藝品。村子旁有三處石窟教堂，其中一座舊名叫洋蔥教堂（Soğanlı Kilise），或許從前這裡有一片洋蔥田也說不定。

這裡的壁畫比起露天博物館更令人失望，不需要買票，也沒有管理員，遺跡保存得相當不完善，壁畫色彩幾乎掉光，多處被觀光客刻上類似到此一遊的字樣和簽名。石窟裡的溼氣非常重，我們在裡頭走了一圈隨意看看，就待不住了。

阿嘎去公廁上廁所，入口的阿伯跟他要了一里拉。正在編織娃娃的婦女不停地跟我還有車上的老宋招手，示意我們過去買東西，但我們只對她們微微笑。

回程的時候，我們又經過德林庫尤地下城的那個小鎮，街上一樣只有一群看起來很閒的男人，抽著菸、下棋、一口又一口啜飲著燙嘴的紅茶。

# 西南城市緩遊記

在旅程展開前，我想先分享一段長途巴士的慘痛經驗。那是剛抵達土耳其的頭一個月，我們一群台灣的交換學生在土耳其宰牲節（Kurban Bayramı）連假，從土耳其的各個城市分別前往愛琴海岸上的旅遊勝地——費提耶（Fethiye）度假。

## 多山地形，造成鐵道不發達

我是唯一一個要從伊斯坦堡出發的人，為了省錢就選擇了夜間的長途巴士。伊斯坦堡距離費提耶約八百多公里，晚間十點發車，表定十四個小時，也就是隔日中午到達目的地。想了想就當坐飛機忍一下就過去了，於是就買了票。

但這卻是錯誤的開始。巴士晚了半小時出發不說，因為宰牲節相當於土耳其的過年，擁有一千四百萬人口的伊斯坦堡簡直像是逃難潮，車子好不容易上了高速公路，卻塞在車陣中動彈不得。將近五個小時的龜速前進後，終於駛離伊斯坦堡郊區，經過蓋布澤（Gebze），車子來到一個像是碼頭的地方。

我們隨著長長的車龍，排在一個像是收費站前的大馬路上，司機熄了火，但我不清楚為什麼要停在這裡。返鄉車潮中許多自用車走下來一家人，爸爸抽著菸，媽媽和孩子就在車旁伸懶腰和玩耍。已經凌晨三點多，巴士上的乘客也都還沒睡。

車子發動了，我們通過閘門，直接開上停靠在港口的大型輪船。原來為了節省路程，從伊斯坦堡往西南部的車都會選擇搭上渡輪，越過馬爾馬拉內海，前往土耳其人在還未攻陷伊斯坦堡前的舊首都布爾薩，至少可以節省三個小時。

在渡輪上的巴士比在路面上行駛還來得安穩，我也沉沉睡去。醒來時已經大約過了伊茲米爾，也代表路途過了一半。看看手錶，此時已經快中午了。巴士上提供簡單的零食和礦泉水讓乘客充飢，路途間也曾停在休息站讓乘客上廁所和買食物，但旅途的勞累，讓我一點兒下車走路的動力都沒有。

山路搖搖晃晃，經過一個又一個小鎮，停靠站愈來愈密集，下車的乘客開始變多，每個人都大包小包地拎著行李離開。車子發動後不久，我們在只有站牌沒有候車亭的路邊停下，一位婦女翻著巴士的行李櫃說找不到行李，司機只好聯絡上一站的工作人員協助，折騰了許久才又上路。

結果這趟旅程花了我十八個小時，既睡不著，也沒有像飛機上能打發時間的娛樂設備，簡直像個不會醒的惡夢，完全是靠意志力撐過。自此之後，若要在土耳其國內遠程旅行，我都不敢再搭巴士。

不過話說回來，公路巴士確實是土耳其國內移動時，除了飛機以外的第一選擇。土耳其的鐵路系統不發達，百分之九十五的鐵路仍是單向鐵道，因此班次很少，也很常誤點。多山的地形關係，鐵道時常必須繞路，更增加了通勤的時間。因此，大部分的土耳其旅客都是以飛機和公路巴士旅行，火車上常常是空的。

十九世紀中葉，英、法、義等國瓜分了鄂圖曼帝國的土地，為了運輸軍需品和貿易所需，興建了總長將近八千公里的鐵道。不過直到今日，土耳其境內的鐵路總長仍只有約一萬兩千公里。包括二〇一四年才剛通車，由伊斯坦堡經首都安卡拉至孔亞的高速鐵路。

## 棉堡：圓形劇場和乳白石灰棚

我和女友古夏在氣候宜人的六月，決定到西南部的幾個城市旅行。這趟旅行的目的是逃離伊斯坦堡的擁擠人潮，擁抱大自然和海洋。在旅遊書上看到，六月在厄斯帕爾塔（Isparta）會有大馬士革玫瑰的採收季，二話不說列入行程。安塔利亞和奧林波斯（Olympos）是海邊的度假天堂，觀光客相對較少。

於是我們將依序從棉堡（Pamukkale）、厄斯帕爾塔、安塔利亞，最後到南邊的奧林波斯。西南部最熱門的古蹟景點以弗所（Efes）因為兩年前就去過了，因此不列入，而我們本來就不想去人擠人。

離棉堡最近的機場代尼茲利市（Denizli），距離伊斯坦堡約六百公里，已達我心中「長途旅程」的標準，我再也不想待在擁擠的巴士上，搖搖晃晃十個小時。

清晨天未亮我們就從伊斯坦堡出發，一個小時的飛行時間便抵達代尼茲利。沒有跟團的棉堡之旅適合半日遊，從代尼茲利巴士轉運站搭共乘小巴，半小時左右便可抵達。

入口在一座小山丘上，這裡也是古羅馬時代希拉波利斯（Hierapolis）的遺跡所在地，徒步兩公里的路程後，便是棉堡著名的石灰岩地。希拉波利斯古城約在西元前二世紀就建成，經歷幾次大地震的摧毀又重建，這裡曾經是古羅馬帝國在亞洲版圖中最多人口之一的城市，鼎盛時期居民達到十萬人左右。

沿著石路前行，兩旁盡是斷垣殘壁，當時最繁華的商店街和建築寓所，都只能由石柱基底的雛形憑空想像。據說在此建城的主要原因是附近的溫泉，當時許多王公貴族來此地泡溫泉療養，士兵也在這裡養傷後繼續出征。或許日本電影「羅馬浴場」的靈感與題材便是取自這裡，古羅馬人和日本人同樣熱愛溫泉文化。

遺跡中保存最完整的應該是建於西元一世紀的圓形劇場，

棉堡石灰棚。石灰滲出物經過長年的沉澱，形成如棉花般的雪白地形，但多年來觀光客湧入，景致以不復以往。

和以弗所的劇場相較之下規模沒這麼大，但仍能容納一萬五千名觀眾，觀眾席座位因此更為陡峭，站在最頂層的座位，能從小丘的地形中鳥瞰代尼茲利平原的壯闊景色。

第二次見到棉堡的石灰岩景致竟大失所望。三年前我曾經到過這裡，不過泉水卻多得許多，石灰棚也更為潔白，溫泉從底部冒出，流向梯田般的一階一階各自獨立的石灰棚，在陽光的照耀和純白石灰地的襯托下呈現美麗的青藍色。如今眼前所見竟處處泛黃，只有幾處的石灰棚上流動著淺淺的水灘。

「我記得三年前這裡還有水的啊……」我站在步道上，指著前面乾涸的一處對古夏說，「連最高處的源頭都沒有什麼水了。」

這個地區的溫泉水，因含有大量的碳酸鈣和石灰滲出物，隨著泉水湧出在表面，經長年的沉澱形成了棉花般的雪白地形，「棉堡」之名因此得來。

一九八八年棉堡的石灰棚地形被列入世界遺產前，這裡曾經飯店林立，泉水被拿來填滿飯店的泳池，旅客用過的廢水也都由飯店的水管隨易排出，造成附

人山人海的石灰棚水池。

近水源污染。近二十年間，土耳其政府重視到棉堡的風景幾乎要被大量的觀光客破壞殆盡，開始大刀闊斧進行保護計畫，並將附近的飯店勒令停業。

如今遊客不能穿鞋進入石灰棚地區，要以赤腳踩踏在凹凸不平的表面上，甚至不能離開特定的範圍。只要不守規矩，一旁馬上有工作人員響起哨音斥罵你。為了搶救逐漸消失的美景，政府在山的另一側規劃了重建區，適量地從源頭引進泉水，想要重現數十年前潔白飽滿的景色。

棉堡風景區裡還有一塊頗具特色的古蹟水池，就在阿波羅神殿附近，遊客可以在千年前就存在的溫泉水池中游泳，池底清晰可見因為地震或其他自然因素而倒塌的石柱。來到環抱在綠樹當中的水池旁，便可聞到濃濃的硫磺味，不過門票實在有點不合常理的貴，我們就沒下水。看著偌大池中，成群的泳客在數十個或立或躺的巨大古希臘石柱間穿梭游動，像極了人工造景裡的彩色錦鯉，也頗有興味。

## 日本料理店的男孩

離開風景區，我們前往山丘下的棉堡村覓食，在巷子裡竟然發現一間日本料理店。這對於生活在土耳其十個月的異鄉學子來說，簡直是一大安慰，況且是在這樣的小村莊裡。我們毫不猶豫地走進去，裡面全是亞洲面孔，看來土耳其食物對「遠東」來的遊客還是不太對味。

一位大約十三、四歲的男孩過來招呼我們，菜單是以日文為主、英文為輔的手繪風格。點完餐後，他發現我們會說土耳其語，便在我們用餐間不時過來攀談。他叫奧斯曼，就讀國中二年級，就住在這家餐廳的附近，中午下了課和假日都會來打工賺錢。餐廳的主人是嫁來土耳其的日本婦女。

「你去過土耳其的哪些城市啊？」奧斯曼問。

「伊斯坦堡、安卡拉、伊茲米爾、安塔利亞、孔亞等等。」

「真好，我也想旅行。但我只去過伊茲米爾，其他時間都待在棉堡村。你不是土耳其人，卻比我去過更多土耳其的城市。」

「等你長大後會有機會的。看你招呼客人時英語說得很不錯嘛。除了土耳其以外，出國的話也不會有問題喔。」我跟他說。

「其實我在學校最討厭英文課。」

「為什麼？」

「老師教得太基本了，我早就都會了。」他回答。平時打工面對的全是外國遊客，儘管只是簡單的對話，比起同年齡的同學仍然厲害許多，面對外國人更不怕生。

「我反而對中文比較有興趣，這裡說中文的遊客很多，而且你們的四聲語調很有趣。」他在服務其他桌客人時，我聽到他會用標準中文說謝謝、不客氣和請慢用。

「哦？真的嗎？那你有什麼想學的都可以問我。」

他遲疑了一會，說他得想一下，然後一溜煙地跑走，廚房裡傳來日本腔的土耳其語要他過去幫忙。

沒多久他就拿著筆記本，坐到我們這一桌來學中文。他用土式拼音把「請問要吃什麼」、「謝謝光臨」、「旅途愉快」、「歡迎再度光臨」等等服務客人會用到的中文說法寫下來，我一邊糾正他的發音和語調。他學會後，心滿意足地繼續去工作。

隔壁桌的旅客聽見清真寺傳來的喚拜聲，便問奧斯曼，為什麼來到土耳其後就一直聽到這個旋律？他轉過頭跟我求救，因為他不會用英文說。我發現她們是中國旅客，便用中文跟她們解釋。奧斯曼很油條地對我豎起大拇指，感謝我的幫忙。

當那桌中國旅客結帳要離開時，他用字正腔圓的中文說：「謝謝光臨，旅途愉快！」那群女生都驚喜地笑了起來。奧斯曼也轉頭得意地對我笑了笑。

離開前，我請他到店門口讓我拍一張照，希望有一天他旅行的夢想能夠實現。

我們回到代尼茲利巴士轉運站，搭上前往厄斯帕爾塔的巴士，隔天我們要去採玫瑰。

棉堡村日本料理店的好學男孩。

## 厄斯帕爾塔：玫瑰之鄉

厄斯帕爾塔在代尼茲利市東邊，距離約一百八十公里，鄰近湖區和終年積雪的巴爾拉峰（Barla Dağı），是個人口二十三萬、擁有湖光山色的小型農業城市。除了種植季節性的水果如櫻桃、蘋果，和製香類的植物如薰衣草、小甘菊外，其餘大部分都是玫瑰園和玫瑰農莊。

土耳其境內玫瑰製品所需的玫瑰精油，百分之八十都由厄斯帕爾塔地區提供，被稱為土耳其的「玫瑰之鄉」。土耳其和鄰國保加利亞，一起瓜分了全世界幾乎百分之九十五的玫瑰精油來源。

每年的五、六月是採收季，城裡也會特別在此時舉行音樂季，據說是為了避免人們因採收玫瑰或製造精油時，聞著太過濃郁的玫瑰芳香而昏昏欲睡。城裡處處可見大馬士革玫瑰的粉色身影，從一下巴士站即令人眼花撩亂、成排的玫瑰產品，到街上的巨型雕像和貼著玫瑰

大馬士革玫瑰的淡粉色，很有夢幻感。

廣告的公車，大馬士革玫瑰招牌的淡粉色系，讓這座城市多了些夢幻感。

一早我們的聯絡人瓊安就出現在飯店門口，她和開車載我們的穆斯塔法，要一道前往玫瑰園，體驗採收玫瑰的全過程。瓊安是一位四十多歲、非常活潑開朗的荷蘭大姊。我問她，為何遠道來這裡經營玫瑰導覽行程？

「二十多年前，對，就是我還年輕的時候，背包客的我旅行到厄斯帕爾塔，意外到一些玫瑰農家幫忙採收。大馬士革玫瑰實在太美了，我從此就愛上這裡的玫瑰。回到荷蘭後，一直覺得那些淡粉色的玫瑰在呼喚我。那時我就想，這麼美麗的土地和風情，怎能不跟大家一起分享呢？」瓊安說，「所以我在荷蘭成立了導覽公司，專程服務想體驗採玫瑰和製作玫瑰精油的國際旅客。穆斯塔法是當地煉精油工廠的經理。」

瓊安幫穆斯塔法解釋，他正在進行齋戒，不能進食和喝水。為了節省體力，請我們體諒他不能多說話，不然他平常可是最多話的人。

瓊安告訴我們，玫瑰的品種多到數不清，功用也不盡相同，而大馬士革玫瑰則因為含油量最高且香氣豐富，被用來提煉精油，使用在化妝品、香水甚至食品上。

我們從大馬路轉入一條小徑，車子漸漸往山丘上行駛，不一會兒便看到連綿起伏的綠色丘陵上紅點叢叢。在山間繞啊繞，各處的農夫都趁著清晨日照還不強烈的時候盡快採收，因為日曬過後，花瓣與花苞中的精油容易被蒸發掉。

我們停在一處玫瑰田前，一位奶奶、兩位年輕人，和一個看起來十歲左右的小男孩放下手邊的工作，上前跟穆斯塔法和瓊安寒暄。對於不時有觀光客來參觀他們的日常工作，他們似乎習以為常，也很熱情地微笑歡迎我們。

瓊安說，這片玫瑰園是穆斯塔法他們工廠的合作農家。厄斯帕爾塔幾乎所有的精油工廠都以契作方式和主要以家族經營的農家合作，工廠和農家會討論玫瑰的種植與耕作方式，以求最好的煉油品質，而玫瑰花都以重量計價賣給工廠。另外，也有少數規模夠大的工廠自己擁有玫瑰園，只不過要花費更多心思管理，因此契作的方式還是主流。

大馬士革玫瑰每年只在五、六月份初夏時開一次花，同一株玫瑰叢大約三到五年內得砍掉，重新施肥栽種。近年來由於精油品質提升的要求，許多農家改用有機農法耕作，需要更費心照顧，同樣面積的土地產量更是直接減少一半。

而今年的氣候異常寒冷，玫瑰花開得比較晚，整個採收期也往後延了一些。我們在六月底來訪，還有一半的花叢上仍有未綻放的花苞。

「一公斤的玫瑰能賣多少錢呢？」我問。

「大約一里拉（台幣約十一元）。一個早上每個工人大概只能採收五公斤。」瓊安接著說，「而三千公斤的玫瑰花瓣才能製造出一公斤的純精油，這也是為什麼精油這麼值錢的原因。」

了解精油如此得來不易後，我們便趕緊幫忙採收。用拇指和食指輕輕地在花萼部分稍微轉動就可以摘下來，當我抓到訣竅、採了幾十朵而沾沾自喜時，農人們早已在十幾公尺外的花田另一頭了。

## 玫瑰玫瑰我愛你

站在花團錦簇的山野間，心情特別開朗。我想我大概能了解瓊安所說的，那種「玫瑰在呼喚她」的感覺了。

原本都用英語和我們溝通的瓊安和穆斯塔法，忽然在遠處大聲唱起中文歌：「玫瑰

花團錦簇的玫瑰田和熱情的一家人。

大馬士革玫瑰因含油量高且香氣豐富，最適合用來提煉精油。

玫瑰最嬌美，玫瑰玫瑰最豔麗，春夏開在枝頭上，玫瑰玫瑰我愛你。」

我和古夏都驚訝得說不出話來。瓊安說，之前帶香港客人來採玫瑰，他們分享這首歌給她。

「那妳知道歌詞的意思嗎？」

「他有說，但我幾乎都忘了，到現在只記得『玫瑰玫瑰我愛你』的意思。」瓊安說，「這裡真的很療癒吧？美麗的風景和迷人的花香，這首歌簡直就是厄斯帕爾塔的代言曲。」

我看見那個男孩一個人自顧自地採著花，金髮碧眼的他，或許因為常時間在戶外工作，皮膚曬得紅通通的。

「你們是家人嗎？」我走過去問那男孩。

「對，她是我奶奶，其他兩個是我的堂哥。」說完他又低下頭，一臉嚴肅地挑選已經開花的玫瑰。

「我可以幫你拍一張照嗎？」

他停下手邊的工作又抬起頭，稚嫩的臉龐似乎想擠出一絲笑容，但在鏡頭下卻帶著一抹苦澀。他可能在想：「別鬧了吧！我一早就採那麼幾公斤，別浪費

瓊安陶醉地唱著中文歌「玫瑰玫瑰我愛你」。

時間了。」為了不再打擾他工作，我對他道了謝就離開。

以我和古夏的慢動作，在這裡似乎也幫不上忙，便和這家人道別。直到我們的車子離開那條連接花田的小徑前，他們都一直微笑著站在路旁和我們揮手。我從後照鏡看過去，不知道為什麼，那位男孩的笑容在我眼中還是帶著一絲絲憂傷。

往北的一路上幾乎沒有什麼車，只有幾台老爺爺駕駛的拖引機。經過一大片的薰衣草花田後，我們來到一個叫賽尼爾（Senir）的小村莊，街道上只有幾隻狗和坐在路邊納涼的老人，穆斯塔法工作的玫瑰精油煉油廠就在這裡。

抵達工廠不久後，正好有今早採收的第一批新鮮玫瑰，裝在麻布袋裡從卡車上一袋袋卸下來。秤過重後，工人會把玫瑰花倒在空曠的陰涼處，讓花瓣溫度降低，避免悶在麻布袋中開始發酵。幾公噸的玫瑰花瓣傾瀉而下，形成了名符其實的花海，瓊安請我們跳進去，隨便

男孩稚嫩的笑容中，似帶著一抹苦澀。

想怎麼玩都沒關係。

「真的可以嗎？不會破壞到花？」古夏問。

「反正這些玫瑰到了下午全都要丟進機器裡蒸餾，現在只是在晾乾，形體不會影響。」瓊安回答。

玫瑰精油的傳統萃取方法，是在銅鍋中加入一比三的玫瑰花瓣和泉水，以小火煮到接近沸點，經過兩次的蒸餾和冷卻，淬煉出來的金黃色玫瑰精油和玫瑰水便會分離，

老爺爺駕駛著拖引機，穿梭在田野間。

迷人的薰衣草花田。

過程費時費工。不過近年來，各家煉油廠都已經用全自動的不鏽鋼鍋爐，容量超過十倍，只需要人工控制花瓣與水的比例。最後，使用完畢的玫瑰渣都會拿去花田作堆肥，物盡其用。

瓊安說，以往他們的採購客戶都來自美、法、德等全球知名的化妝品牌，這家工廠目前正在轉型中，除了淬煉玫瑰精油外銷，也開始和當地企業合作社成立自己的品牌，可以大幅增加利潤。只不過，土耳其的化妝品工業技術還不是很先進，品牌也很難與世界競爭，當地農家目前能做的，就是透過產地的深度之旅，在第一線與消費者建立認同感。

她和穆斯塔法合作無間，一個人負責控管玫瑰精油的製程與品質，另一個人則把厄斯帕爾塔玫瑰的美，介紹給全世界的客人。

這時候我才發現，瓊安全身都是不同層次的粉色系裝扮。我問她是特別搭配的嗎？她笑了一下，又自顧自地唱起「玫瑰玫瑰我愛你」。

舊時的傳統銅爐，現已淘汰。

玫瑰花瓣倒入銅鍋，以小火煮到接近沸點，以萃取精油。

## 安塔利亞度假勝地的齋戒月

位在厄斯帕爾塔南邊的安塔利亞，是土耳其的第五大城，也是典型地中海型氣候的度假勝地。每年的觀光客來客量可達一千萬人次，僅次於巴黎、倫敦和紐約，位居世界第四。而其中最主要的遊客，來自於地緣鄰近的俄羅斯。從莫斯科往南飛越黑海，約三個小時就可抵達，是距離俄羅斯最近的地中海型氣候度假城市。我們在返回伊斯坦堡的安塔利亞機場，就被滿滿的俄羅斯遊客給淹沒。

安塔利亞在第一次世界大戰後到土耳其共和國成立前，曾被義大利短暫瓜分佔領過，但這個城市並沒有留下太多的義式風情。如同所有鄰近愛琴海的土耳其城市，安塔利亞是個氣氛輕鬆、民風相對較開放的地方，即使街道上有穿著清涼的女性，也不會投以太多異樣的眼光。

抵達安塔利亞市區時已經晚上了，時逢齋戒期間，晚間便是遵守戒律的穆斯林活躍的時刻，街道上也因此人潮洶湧。他們在白天不能進食、喝水，嚴格的更不能刷牙，因為嘴巴會碰到水。甚至不能大聲喧譁或大笑，必須低調行事。到了夜晚最後一聲喚拜結束才能回復正常，又餓又渴的他們，就可以開始盡情吃喝和歡笑。

許多連鎖速食餐廳都推出「齋戒月套餐」，用一份套餐的價錢，可以買到搭配兩種不同漢堡的套餐，即使不是穆斯林的我們也能受惠。

隔天一早，我們到飯店前方不到一百公尺的私人海灘游泳，和受夠冷冽氣候的俄羅斯人一起把皮膚曬得紅通通的。他們慘白的膚色曬得像是被烤焦一般，卻樂此不疲。

下午和一群台灣朋友，以及一位在安卡拉大學念中文的土耳其朋友碰面。千熙是安塔利亞人，父母都是虔誠的穆斯林，但她選擇不包頭巾，穿著和一般女生沒有什麼不同。今天直到傍晚仍滴水不沾的她，看著我們在海灘上大口喝啤酒，讓我們幾個台灣人有點於心不忍。

安塔利亞的彈琴老人。

照常理來說，在齋戒月期間即使不是教徒，也不能肆無忌憚地在大庭廣眾間進食，以表示對其他人的尊重。但土耳其的國情不同，對於這類傳統觀念愈來愈不受拘束，我們在露天餐廳裡，也看到許多非穆斯林的土耳其人毫無顧慮地在享用食物。

千熙說，除了非教徒，其他人在齋戒月期間一律禁慾、禁食，只有少數需要重勞動力工作的人可以不用完全遵守，大家仍會體諒他們。

在齋戒月為期一個月的某些特殊日子，土耳其的家庭會在半夜舉辦聚餐，那是他們一天當中唯一能補充能量的時刻，睡著了還會被媽媽叫起來硬塞食物給你，因為天亮後就什麼都不能碰了。

我們一行人來到一間購物中心的美食街用晚餐，許多人點好了餐，卻靜坐在座位上等待。不一會兒，廣播響起，告知白天的齋戒期已經過了，所有人一瞬間動作起來，像極了小學生在營養午餐時間等待鐘響開動的景象。

## 奧林波斯：盡情享受海灘與最悠閒的步調

前往奧林波斯的路途顛簸難行，沿著海岸往南，我們時而看見波光粼粼的海面，不一會兒又彎進光禿禿的山谷間。載滿乘客的中型巴士，即使開了空調仍有種空氣不流通的悶熱感。一路昏昏沉沉地晃了兩個多小時，被司機放在一處荒涼的山壁邊。

「確定是這裡嗎？」我強忍著胸悶，問了留著八字鬍的司機老伯。

「對啊，從那邊的小路下去就到了。」他指著馬路對面一條斜坡路口，樹下有一輛老爺廂型車，和幾個在抽菸的老人。

老人收了我們一人十里拉的車費，在將近半小時的迂迴下坡山路上，我一直擔心這台老爺車是否快要解體了，而忘記自己幾乎要嘔吐出來，直到安全下車才回過神來。

這個區域曾經是羅馬帝國時期在小亞細亞的其中一個行省，Olympos（奧林波斯）這個地名，其實是由古希臘文Όλυμπος得來，與希臘的奧林匹斯山（Olympus）來自相同的字根。在希臘神話中，奧林匹斯山是神的山，眾神、半神與他們的僕人們都居住在那裡。

如今這個地方最吸引人的，便是它得天獨厚、有如世外桃源的自然環境，連綿兩公里的空曠沙灘，在綠蔭繚繞的健行步道看千年古蹟，住在樹屋上看星星或是海龜的棲息地。

下榻的旅店是當地家庭經營的小木屋，幾乎在沙灘的最尾端，所以不得不租輛腳踏車代步。我們似乎是當晚唯一的客人，老闆沒什麼事做，總是坐在庭院的吊床看著前方的海。

他熱情地和我們聊天，一進門就請我們喝土耳其紅茶，看見我們受寵若驚的模樣便笑著說：「免費免費，別擔心。」

他問我，東方人是不是都會吃狗肉和蟲？土耳其的電視都這麼播的。這不是第一次在土耳其被這麼問了，我委婉地笑著跟他說：「那些電視節目會讓人變愚蠢，你應該親自到亞洲國家來看看，就會明白了。」

不知是不是因為喝了免費紅茶，不知不覺心裡覺得虧欠而被說服在旅店吃了一餐。但我們發現餐廳賣的家庭料理又貴又難吃之後，每當老闆邀我們在旅店用餐，我們總是藉故離開。

隔天一早被熱醒，因為房間內的冷氣根本無法使用。老闆說，前天大雷雨的閃電擊中了附近的電線竿，木屋區的網路分享器也被燒壞掉了。

我們胡亂吃了自己買的麵包後，就迫不及待地奔向大海。這條和海灘平行的街道上盡是旅館，每家旅館都有自己的海灘，相隔也都有相當距離，活動範圍內不太有人打擾，也不會到杳無人煙的荒涼，是個很適合想好好游泳的選擇。

這間旅館只有我們一組客人，所以就理所當然地獨自享用一大片的海灘。海水很清澈，不過很冷，如果不一直游泳的話，會到直打哆嗦的程度。雖然沒有幸運地看到海龜，但瞧著那許多五顏六色不知名的海魚，也夠賞心悅目了。

游累了就上岸曬太陽，然後騎著腳踏車到一公里外的小雜貨店買汽水。回來後，聽著有節奏的海浪聲邊做日光浴，邊想把讀到一半的小說讀完，但隨意翻了兩頁就放棄了。因為太熱了，即使躲在陽傘下，注意力根本沒有辦法集中。

中午，我們騎著腳踏車到村內最熱鬧的商店街覓食，說是商店街，也不過是幾家餐廳和超市組成十幾公尺長的小街口。街道上多是來自歐美的旅客，偶爾也聽到有人說俄語。這裡的餐點比旅店的好吃多了，有傳統的土式料理，也可以吃到不錯的義大利肉醬麵，價格並不會因為選擇不多而高得離譜，我和古夏都同意寧可騎兩公里的路程來這裡吃飯。

奧林波斯雖然是一個遠離塵囂、幾乎為

奧林波斯有連綿兩公里的空曠沙灘，最適合聽著海浪聲做日光浴，也可沿著它悠閒散步。

林蔭下踩著腳踏車，準備探訪千年古蹟。

觀光而興起的村落，卻嗅不到太多的觀光氣息，沒有奢華服務的高檔飯店，凡事幾乎都得自己來，就像是生活在這裡一樣。旅館的經營者多是附近城鎮的居民，待人和善有禮貌，和伊斯坦堡張牙舞爪的商人比起來真如天使一般。每個人看起來都很悠閒自在，就像我們旅店的老闆，即使沒什麼住客也不擔憂，整天一杯接著一杯喝著土耳其紅茶，坐在自家門口看海。

飯後，我們在超市買了一副浮潛用的蛙鏡，繼續到海邊看魚去。

## 林蔭溪間的遺跡探秘

隔天我們決定參觀羅馬帝國時代留下來的遺跡。在一路的林蔭下踩著腳踏車，悠閒地往鬧區方向前進，經過許多旅店，看見全家大小背著背包要去健行的、情侶披著毛巾正要前往海灘的，還有一些露營車就停在草皮上。

騎過鬧區的商店街後，我們拐進一個彎，結果是石頭路而不得不下來牽車，甚至得涉水經過一條小溪。最後因為路實在太難騎了，我們把腳踏車鎖在一旁的欄杆上，就繼續往遺跡的方向走。來到一片充滿礫石的海灘，時間還沒過正午，只有零星在做日光浴的遊客。對照地圖，我們知道距離目的地不遠了。

沒有人知道這裡的遺跡的確切建成年分，唯一可以確認的是，從外觀來判斷是希臘化時期的產物。在這個地區成為羅馬帝國其中一個行省前，呂基亞人（Lycian）一直在這裡生活，後來逐漸被希臘人建立的殖民城邦給同化。羅馬帝國瓦解後，土耳其人入住小亞細亞，仍舊有許多希臘人居住在此地。直到土耳其與希臘的人口交換政策，世代居住的希臘裔居民最終被「趕回」他們從沒到過的希臘。

這些遺跡坐落在一條長滿蘆葦並淺可見底的小溪兩岸，根據歷史學者研究，這條小溪從前可能是通往內陸貿易的船隻要道。也因此，這一帶曾是海盜猖獗的海域。

聽說這附近有一副古老石棺，我想去一探究竟。石棺是屬於當地一個老船長的，上方刻著希臘女神阿芙蘿黛蒂（Aphrodite）的頭像。阿芙蘿黛蒂被尊奉為航海者的保護神，居住在海灣與海島上的人們普遍都信奉阿芙蘿黛蒂，就像我們的媽祖一樣。

地圖上標示著石棺位於遺跡入口處不遠的樹林裡，但我們怎麼繞都沒看到標示，只好沿著溪邊一路往海邊的反方向繼續走，先看看別處再說。多數的遺跡只剩下部分的石壁，有些仍能看出曾是拱門和窗戶。

我們發現一處招牌寫著「神廟」，或許石棺就在附近也說不定，便朝著招牌指的小徑往樹林裡走去。卻只看見應該曾經是大門的一面牆，周遭全是倒塌的石塊，解說牌

倒塌的石柱遺跡散落在溪水間。

建於西元二世紀的神廟，經過時間推移，只剩下大門依然矗立。

上面寫著這座神廟大約建於西元二世紀。

我覺得奧林波斯的遺跡不是這裡的觀光重點，畢竟在土耳其的很多城市甚至村落，都可以找到更完整且記載詳細的歷史古蹟。在和煦的陽光下，我們漫遊穿梭在林蔭和溪水間，腳底下踩著倒塌的遺跡，以找尋那處石棺為目標的健行，是令人感到愉悅的一件事。

來到小溪的中游段，看見一間被綠樹環抱的露天餐廳，時過正午，我和古夏都飢腸轆轆，似乎也沒有別的選擇就進去了。老闆一身寬鬆的嬉皮打扮，一頭蓬鬆的麻花辮長髮，油腔滑調地和客人打情罵俏。我們點了馬鈴薯烤餅和肉丸子，送上來後幾乎只吃了兩口就再也咽不下去。烤餅有種酸掉的臭味，而肉丸柴到像在啃木頭。

趕緊付了帳，逃離在土耳其吃過最難吃的一餐。若再往上游的叢林走，就是奧林波斯的樹屋旅店區，也是許多歐美人士想要遠離塵囂的嬉皮群聚地。

我們跨越小溪，還抱著一絲希望想找到那石棺，卻在無意間發現一個藏在深林裡神秘的圓形小劇場。這裡雜草叢生，枯枝散落滿地，看來荒蕪很久了，這般場景讓我有種身處南美熱帶雨林的錯覺。劇場坐落在一個封閉的山谷間，規模大約只有一個籃球場這麼大。一樣有階梯形的觀眾席，因為地形變動而扭曲，上面長滿了青苔，而舞台似乎被大自然給淹沒了。

我們聽見了海浪的聲音。

「既然找不到石棺，那麼就回到海灘上游泳吧。」古夏說。

我們往海浪聲傳來的方向走，但樹林愈來愈密，原本像是人走出來的小徑也逐漸失去痕跡，周圍一點人聲也沒有。我們能清楚地辨認海浪傳來的聲音就在咫尺之外，但害怕迷路，只好折返繞比較遠的原路，沿著小溪回到海邊。

這處海灘正好和我們旅店前的那片沙灘分別是兩公里海岸線的一頭一尾，海灘上都是鵝卵石。因為遺跡和樹屋群的緣故，遊客明顯多了許多，有小販背著背包在難走的鵝卵石堆上來回叫賣著冷飲和零食。這裡的水質同樣非常清澈，由於冰冷的溪水從日照不多的森林裡流入海中，水溫忽冷忽熱

踏臨遺跡，遙想希臘羅馬文化帶給這片土地的潤澤。

的，像是在洗三溫暖。

騎腳踏車回旅館的途中，一隻烏龜從沙灘往旅店區的樹林方向慢慢地爬，偶爾一動也不動地停在馬路中間。我把對向的轎車攔了下來，深怕駕駛誤以為那是一顆石頭。我們雙方都停下了車，看著烏龜爬到草叢後才離去。

如果你問我，離開土耳其後，烙印在我腦海裡三樣最難忘的記憶是什麼？我會說：伊斯坦堡失眠的夜裡飛越公寓上空的海鷗聲、土耳其那苦澀卻又讓人上癮的紅茶，還有在奧林波斯與世無爭的悠閒時光。

奧林波斯與世無爭的悠閒時光，最是令我難忘。

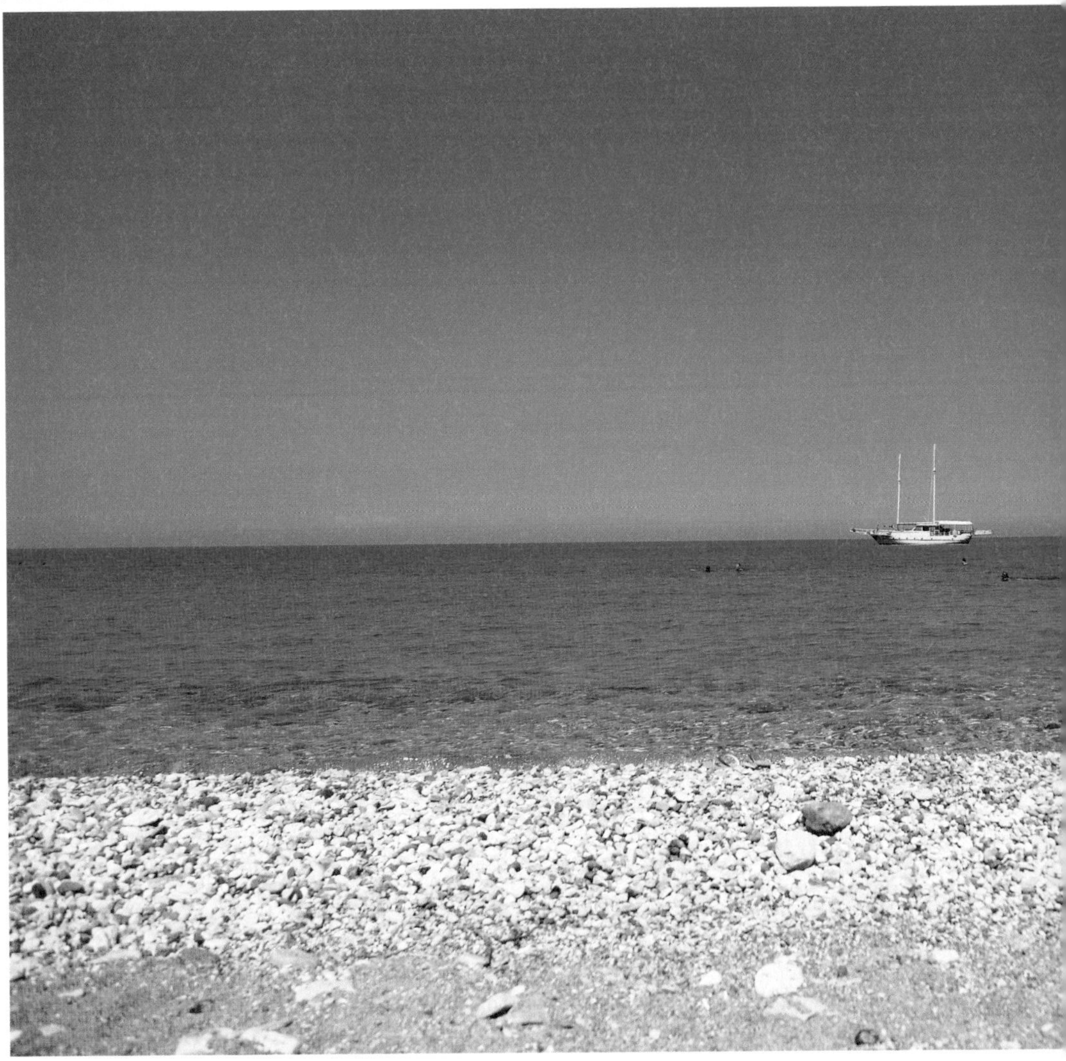

綠蠹魚叢書YLK94

# 呢喃中的土耳其

作者——陳聖元
圖片提供——陳聖元、蔡雯潔、王紀友、段雅馨、魏宗琳、
高珮倫、Eser Karadağ
插畫——Melda Yanmaz、Mehmet Mert Sezer
出版四部總編輯暨總監——曾文娟
資深主編——鄭祥琳
企劃副主任——王紀友
美術設計——蔡佳豪

發行人——王榮文
出版發行——遠流出版事業股份有限公司
地址——臺北市南昌路二段81號6樓
電話——(02)2392-6899　傳真——(02)2392-6658
郵撥——0189456-1

著作權顧問——蕭雄淋律師
2016年5月1日　初版一刷
定價——新台幣380元(缺頁或破損的書・請寄回更換)

ISBN　978-957-32-7815-3

YL遠流博識網
http://www.ylib.com　E-mail: ylib@ylib.com

國家圖書館出版品預行編目資料

呢喃中的土耳其／陳聖元 著
初版. ——臺北市：遠流，2016.05
面；　公分. ——（綠蠹魚叢書；YLK94）
ISBN 978-957-32-7815-3（平裝）
1.遊記 2.土耳其
735.19　　105005539